Michaele Kundermann

BeWEGt
vom Atem der Erde
bis mitten ins Herz

Camino de la Plata

Dieses Buch ist gewidmet
dem Wohlwollen des Lebens,
dem Abenteuer des Herzens,
der Güte der Natur und
allen Menschen, mit denen das Miteinander Freude
macht und Wachstum bringt.
Es ist allen gewidmet, die mich unterstützt
haben, damit ich mich auf den Weg machen konnte.
Allen, die mich unterwegs begleitet haben
und denen, die mir geholfen haben,
dieses Buch zu schreiben.

Michaele Kundermann

BeWEGt vom Atem der Erde bis mitten ins Herz

Camino de la Plata

Unterwegs auf dem
äußeren und inneren Jakobsweg

Impressum

© 2012 Michaele Kundermann

Herstellung und Verlag:
BoD-Books on Demand GmbH, Norderstedt

Umschlaggestaltung: Alex van de Hoef
Bildnachweis Seite 57, 89, 99: Walter Hepp

ISBN: 978-3-8448-9133-1

Die Deutsche Nationalbibliothek verzeichnet diese Publikation in der Deutschen Nationalbibliografie; detaillierte bibliografische Daten sind im Internet über dnb.d-nb.de abrufbar.

Inhalt

Prolog	7
Meine Motive	11
Zehn Motive der anderen	12
Übersicht der Etappen	15
1. Etappe nach Montamarta	17
2. Etappe nach Granja de Moreruela	19
3. Etappe nach Tábara	23
4. Etappe nach Santa Croya de Tera	27
5. Etappe nach Mombuey	30
6. Etappe nach Puebla de Sanabria	33
7. Etappe nach Requejo	37
8. Etappe nach Lubián	40
9. Etappe nach A Gudiña	43
10. Etappe nach Laza	47
11. Etappe nach Vilar de Barrio	51
12. Etappe nach Xunqueira de Ambía	54
13. Etappe nach Ourense	57
14. Etappe nach Cea	60
15. Etappe nach Castro Dozón über Oseira	64
16. Etappe nach Silleda	69
17. Etappe nach Ponte Ulla	73
18. Etappe nach Santiago de Compostela	77
Santiago 03. Juni	81
Santiago 04. Juni	85
Santiago 05. Juni	88
Santiago 06. Juni und Abreise	93
Gelernte Vokabeln des Pilgerlateins	96
Epilog	98
Praktische Tipps für Camino-Aspiranten	100
Nachhall	104

Die Autorin, Jahrgang 1953, ist Trainerin für mentale und emotionale Erfolgs-Kompetenzen in Unternehmen, Kinesiologin, Rednerin und Coach.

Sie freut sich über Rückmeldungen oder Fragen zum Buch. Einladungen zu Vorträgen sind ebenfalls möglich.
Kontakt per Email an: thriving@t-online.de

Prolog

Ein Mann, der mehrere Caminos mit dem Rollstuhl bewältigt hat, soll heute einen Lichtbildervortrag darüber halten. Ich mache Urlaub auf der Insel Juist. An dem Abend ist sonst nichts los und die Ankündigung finde ich interessant. Felix Bernhard war früher Leistungssportler. Nach einem Motorradunfall war er querschnittsgelähmt. Das im Rollstuhl scheinbar Unmögliche macht er wahr und begibt sich drei Mal auf diesen teilweise unwirtlichen Jakobsweg. Darüber hat er ein Buch geschrieben. Sehr lebendig berichtet er an dem Abend von seinen Erfahrungen und Erlebnissen. Zum ersten Mal finde ich es reizvoll, ein solches Abenteuer einzugehen. Warum es mich reizt, kann ich nicht sagen. Vielleicht weil ich nicht verstehe, warum Menschen so etwas freiwillig machen. Mein Forschergeist ist geweckt. Wenn ich es nicht verstehe, kann ich es nur selbst ausprobieren, um die Erfahrung kennen zu lernen. Doch will ich das?

Wann ich zum ersten Mal vom Jakobsweg hörte, weiß ich nicht mehr. Immer mal wieder lief er mir über den Weg auf die eine oder andere Weise. Jahre nach dem Vortrag in Juist schenkte mir jemand die CD´s von Hape Kerkeling über seinen Camino. In seiner trockenen Art hat er mich oft zum Schmunzeln oder gar zu brüllendem Gelächter gebracht. Was der kann, müsste ich doch auch können? Im Fernsehen sah ich einst eine Dokumentation, in der das große Rauchfass, der Botafumeiro, in der Kathedrale von Santiago geschwenkt wurde. Ich lächelte etwas amüsiert darüber - fand es bizarr und kühn. Vor der Kathedrale in Chartres sah ich 2010 den ersten Weghinweis auf einem französischen Jakobsweg. Zu dieser Zeit war ich schon sehr geneigt, einmal einen Camino zu gehen - jedoch in weiter Ferne.

Der Mai sei der schönste Wandermonat auf dem Jakobsweg - also beschloss ich, wenn überhaupt, ihn nur im Mai zu gehen. Doch dann schaffte ich mir selbst ein großes Hindernis an. Ich begann 2010 mit der Imkerei und hatte dabei ganz vergessen, dass Bienen im Mai wegen ihrer Schwarmlust die meiste Betreuung erfordern. Vielleicht war ich auch froh, eine Entschuldigung zu haben, mich nicht auf diesen Weg zu begeben?

Doch im Januar 2012 geschah etwas Eigenartiges. Als ich den Jahreskalender betrachtete, um mein Jahr grob zu planen, landete mein Finger plötzlich auf dem Mai. Spontan sagte ich: "Da gehe ich den Jakobsweg." Dann lief alles wie am Schnürchen. Ich rief eine Imkerin an, die gerade mit der Imkerei aufgehört hatte, ob sie meine Bienen während dieser Zeit betreuen könnte. Sie stimmte zu. Eine Freundin empfahl mir einen Outdoor-Ausrüster-Laden in Frankfurt. Ich hatte bisher null Ahnung von solchen Sachen. Eher ungläubig betrat ich diesen Laden und war entsetzt. Überall wuselten Menschen in Bergen von Schlafsäcken, Rucksäcken und Klamotten. Es war kaum ein Durchkommen und an den Kassen lange Schlangen. Am liebsten wäre ich gleich wieder gegangen. Naja, wenigstens informieren sollte ich mich. Tatsächlich fand ich einige hilfreiche Ausrüstungsgegenstände. Erst auf dem Weg zur Kasse realisierte ich, warum es an diesem Tag so voll war. Es war Ausverkauf wegen Umzug - alles war um 30% reduziert. So fügte es sich, dass ich günstig zu einer guten Outdoor-Ausstattung kam. Ich wusste jetzt - egal was kommt - der Weg ist frei und der Wind ist in den Segeln.

Der französische Jakobsweg hat mich bisher nie angesprochen. Vielleicht, weil ich dort die Hundertschaften unterwegs wähnte. Die Stadt Salamanca klang wohl in meinen Ohren. Einer historischen Römer- und Handelsstraße zu folgen, fand ich spannend. Die Via de la Plata wurde zum Camino meiner Wahl. Ich hatte mir drei Wochen Zeit genommen und wollte in Salamanca starten. Ich flog sogar vorher für einige Tage nach Salamanca, um den Camino auszuchecken und meine touristische Neugier zu befriedigen. In Salamanca spürte ich nichts vom Flair des Camino. Gerade mal einen Hinweis fand ich auf dem Plaza Major. Im Touristenbüro taten sie, als wüssten sie nicht, dass Salamanca auf dem Camino liegt. Immerhin fand ich die Herberge, um mir einen Pilgerausweis zu besorgen. Ich fuhr die Strecke nach Norden bis Zamora ab. Welch ein schönes historisches Städtchen - mit einer Festung und einer kleinen fast kuscheligen romanischen Kathedrale aus dem 12. Jhdt.! Im Touristenbüro erhielt ich die kompetentesten und freundlichsten Informationen über den Jakobsweg. Zamora hatte es verdient, dass ich von dort starten würde. Inzwischen hatte ich gerechnet. Ein Start von Salamanca aus hätte mir gleich in den ersten Tagen Wegstrecken von dreißig Kilometern beschert - das konnte ich nicht riskieren. Ich hätte keine Pufferzeiten in meinen drei Wochen gehabt. Zamora bot sich mir freundlich an. Flüge direkt nach Salamanca waren sehr teuer. Ich beschloss, einen Flug nach Madrid zu nehmen, von dort mit dem Leihwagen nach Salamanca zu fahren. Den konnte ich nur dort abgeben und müsste mit dem Bus ca. 70 km weiter nach Zamora fahren.

Eine erfahrene Wandersfrau bin ich wahrhaft nicht. Bisher war ich nur drei Mal in meinem Leben zehn Kilometer gejoggt. Es war völlig abwegig, mich ohne Training auf diesen Weg zu begeben. Bevor ich meinen Flug buchte, wollte ich wenigstens testen, ob ich eine Strecke von fünfundzwanzig Kilometern an einem Tag schaffen kann. Ich wählte eine Rund-Strecke von Neu-Anspach über Pfaffenwiesbach und zurück über Usingen. Erst um 13 Uhr ging ich los. In dem heftigen Regen, der mich bald heimsuchte, konnte ich die Dichtigkeit meiner neuen Outdoor-Ausrüstung testen. Ich blieb knochentrocken. Der Weg zog sich und es wurde stockdunkel. Die letzten fünf Kilometer waren eine Qual. Die Muskulatur erinnerte mich in den Tagen danach an mein Crash-Training. Immerhin hatte ich mein Zuhause auf den eigenen Füßen wieder erreicht - Grund genug, nun endlich den Flug zu buchen.

Kurz vor der geplanten Abreise stellten sich familiäre Probleme ein. Sie wären Grund genug gewesen, meine Reise abzublasen. Trotzdem spürte ich den Rückenwind. Ich verschob die Reise um einen Tag. Es war im Nachhinein genau richtig, dass ich gefahren bin.

Ein Buch über den Jakobsweg zu schreiben, hatte ich ursprünglich nicht vor. In meinen Augen gab es schon genügend Bücher darüber. Außerdem war ich schon eine Weile dabei, ein mir wichtiges Buch über ganz andere Themen zu schreiben. Einer kleinen „Fan-Gemeinde", sandte ich jedoch täglich per Email einen Tagesbericht zu. Es war jedes Mal ein Abenteuer, Zugang zu einem öffentlichen Internet zu bekommen. Bald hatte ich den Trick raus: In Galicien haben die öffentlichen Bibliotheken einen kostenlosen Internetzugang fürs Volk. So schrieb ich in Kellern, Bars und Bibliotheken neben computerspielenden Jugendlichen. Es war wichtig für mich selbst, ein Resümee des Tages in Worte zu fassen. Meine virtuellen Wegbegleiter, wie ich sie nannte, gaben mir die Rückmeldung, dass sie sich durch die täglichen Berichte fühlten, als wären sie selbst auf dem Weg. Das spornte mich an, aus den täglichen

Berichten ein Buch zu entwickeln. Damit es möglichst zeitnah veröffentlicht werden kann, habe ich mich für Book on Demand entschlossen. Andere Verlage haben einen Vorlauf von einem bis zu zwei Jahren. Mit dem Buch geht es mir allerdings wie mit dem Camino: So richtig weiß ich nicht, warum ich dieses Buch schreibe. Doch es macht Spaß, den Weg auf diese Weise noch einmal zu gehen.

Reiseberichte und Videos haben auch mir vorher wertvolle Eindrücke und Informationen vermittelt. Jeder erlebt seinen Weg aus einem anderen Blickwinkel. Jeder Camino ist ein Unikat. Wie kann es da schon genügend Bücher darüber geben?

Dem Leser, der mit diesem Weg liebäugelt, bieten Wanderberichte Ermutigung und vor allem Tipps für den eigenen Weg. Wer den Weg selbst nicht gehen kann, wird als Leser mitgenommen in seine Magie. Wer diesen Camino schon gelaufen ist, dem mag das Buch hinterher die Wehmut erleichtern und Erinnerungen wach rufen. Für andere mag es eine Anregung sein, den Camino des täglichen Lebens als ein Pilgern durch Erfahrungen und Zeit zu begreifen. Pilgern als ein beständiges Loslassen in die Unschuld des neuen Moments.

Buen camino!

Die Namen der erwähnten Personen sind geändert. Ihre ganz persönlichen Geschichten gehören ihnen. Daher habe ich sie in diesem Buch nicht weiter ausgeführt und auch keine Photos von ihnen eingestellt.

Motive vor dem Weg

Das Wort Pilger kommt aus dem lateinischen „peregrinus", was ursprünglich „Fremder" bedeutet. Es setzt sich zusammen aus „per" (über, durch) und „ager" (Acker). Ein Peregrinus - Pilger - Pilgrim ist jemand, der seinen Weg „über den Acker" (per ager) macht. Pilgern ist demnach „unterwegs sein", „in der Fremde sein".

Es gibt viele Gründe, einen Jakobsweg zu gehen. Vermutlich ebenso viele Gründe wie es Pilger gibt. Für mich war es eine Mischung aus vielen Gründen - von jedem etwas. Doch so ganz genau, wusste ich es vorher nicht. Würde es mir hinterher klar sein?

Vielleicht finden Sie zu einigen dieser Motive eine eigene Resonanz - die können Sie ankreuzen. Hier ist das Spektrum persönlicher Gründe, die mich **vorher** bewegt haben:

❏ Ich finde heraus, was Menschen an diesem Weg so fasziniert.
❏ Ich lasse los und leere mich aus für Neues.
❏ Ich fühle das Gefühl von Freiheit - frei von Terminen, Verpflichtungen und Erwartungen.
❏ Ich kräftige meinen Körper durch den Wandersport.
❏ Ich lasse mich ein auf das Ungewisse des Weges.
❏ Ich entschleunige mich.
❏ Ich teste mich aus bei dieser für mich außergewöhnlichen Leistung.
❏ Ich verbinde mich mit der Natur und nehme sie bewusst wahr.
❏ Ich kommuniziere durch das Gehen mit der Erde.
❏ Ich reduziere mich auf Einfachheit.
❏ Ich verbinde mich mit den Generationen vor uns, die auf diesem Weg gelaufen sind.
❏ Ich verlasse meine Routinen und tanke dadurch neue Gedanken, Gefühle und Ideen auf.
❏ Ich suche Lösungen für meine derzeitigen Herausforderungen im Leben und denke auf dem Weg darüber nach.
❏ Ich nutze das Gehen meditativ, um mit meiner inneren Mitte und meinen inneren Visionen in Berührung zu kommen.
❏ Ich erlaube dem Prozess des Weges, innere Transformationen in mir zu bewirken.

Und was treibt die anderen an?

Auf dem Weg erforsche ich neugierig, welche Motive die anderen bewegen, diese Strapazen auf sich zu nehmen. Warum legen sie sich nicht an einen Strand und lassen sich einen Caipirinha bringen?

Das bringt mich dazu, einige Pilgergruppen zu charakterisieren - soweit ich das überblicken kann. Ich bilde mir ein, diese zehn Fraktionen auszumachen. Dabei sind die Übergänge fließend und viele Pilger gehören zu mehreren Fraktionen.

1. Die "no pain - no gain"-Fraktion: Diese Pilger wollen jeden Zentimeter persönlich laufen - selbst (oder gerade) mit den größten Schmerzen. Ein Bus oder Taxi wäre ein Sakrileg für sie. Sie lieben die Entbehrungen des Weges - besonders wenn es mal nichts zu essen oder zu trinken gibt - oder wenn sie kein Pflaster mehr für ihre Blasen haben.

2. Die Sportler-Fraktion: Sie nutzen die kostengünstige Infrastruktur des Weges für einen aktiven Urlaub. Man muss wissen, dass man nur mit einem Pilgerpass in den Herbergen übernachten kann. Zu dieser Fraktion gehören viele Radfahrer. Ca. 50% würde ich sagen, sind mit dem Rad unterwegs. Auf der Via de la Plata sind ca. 20 Fuß-Pilger pro Tag und Abschnitt unterwegs.

3. Die Camino-Süchtigen: Sie sind „Wiederholungstäter" und haben auf dem Camino wertvolle persönliche Erfahrungen gemacht. Es zieht sie immer wieder magisch dorthin. Sie fühlen sich dem Weg verbunden wie eine Art zuhause.

4. Die Selbstfindungs- und Abenteuer-Fraktion: Dazu gehören wohl die meisten Anfänger und auch ich. Es ist spannend, den Camino und alles darum herum zum ersten Mal zu erleben. Alles ist neu und erstmalig. Viele schreiben fleißig Tagebücher.

5. Die Helden-Fraktion: Das sind vorwiegend Männer, die abends wissen wollen, was sie am Tag geleistet haben. Sie freuen sich über jeden, den sie überholen und wollen abends möglichst viele Kilometer zusammen haben. Man erkennt sie am eiligen Schritt - als hätten sie einen dringenden Termin. Vergeblich zeigen die Blumen am Wegrand voller Unschuld ihre Pracht.

6. Die "Sprich mich nicht an"-Fraktion: Diese gibt mir am meisten Rätsel auf. Ihre „Mitglieder" verhalten sich, als wären sie ganz alleine auf der Welt. Kein Blickkontakt - kein Wort. Selbst wenn man Sprachbarrieren hat, gibt es noch den Augenkontakt, das Lächeln und das spanische "Ola", das jeder herrausbringen kann. Zu dieser Fraktion gehören sehr wenige. Zwei ältere - vermutlich skandinavische Damen - laufen den Weg ganz tapfer. Doch sie scheinen keinen Kontakt zu wünschen - als hätten sie es sich verboten, mit anderen zu sprechen.

7. Die Heilungs-Fraktion: Diese Pilger haben entweder selbst eine Krankheit oder jemand von ihren Angehörigen. Oder sie hatten eine schwere Krankheit, die sie überwunden haben. Der Camino ist ein Ausdruck ihrer Dankbarkeit oder der Suche nach Heilung. Auffallend viele Menschen haben schwierige Erfahrungen im Leben gemacht. Ich erinnere mich an Carmen aus Österreich - eine junge Frau. Sie und ihr Mann wollten den Camino zusammen gehen. Doch er verstarb plötzlich durch einen Unfall. Nun läuft sie ihn still alleine - wohl auch für ihn. Zu dieser Fraktion gehören auch einige Pilger, die ihren Liebeskummer nach einer Trennung verarbeiten möchten.

8. Die christliche Fraktion: Diese Menschen laufen den Camino aus ihren religiösen Gründen - schätzungsweise 30 - 40% aller Pilger.

9. Die "Geheime-Mission-Fraktion": Zu dieser Fraktion gehören fast alle Pilger. Es ist ein Motiv, welches sie vielleicht nicht bewusst kennen, oder niemandem mitteilen möchten und auch nicht sollten. Ich fragte Heather aus England, warum sie den Camino laufe. Sie sagte, sie wisse es nicht wirklich. Linda aus Kanada wirft ein, dass man sagt: "Nicht du entscheidest dich für den Camino - der Camino entscheidet sich für dich und ruft dich." Also der Camino als ein Bewusstsein, welches in Resonanz mit bestimmten Menschen geht? Durchaus möglich - wurde dieses Bewusstsein doch über Jahrhunderte von Pilgern erschaffen. Nun, viele laufen den Camino, um einen Lebensabschnitt zu beenden, zu klären oder einen neuen zu beginnen. Vielen ist nicht bewusst, warum sie laufen und doch gibt es eine unbewusste Mission. Auch mir wurde eine intuitive "Mission" meines Camino erst klar, nachdem ich mich schon für ihn entschieden hatte. Diese hat mich sehr getragen.

10. Die Trödel-Fraktion: Dazu gehöre vorwiegend ich - eine echte Trödel-Pilgerin, die stundenlang Photos macht und lieber öfter verweilen möchte. Ich möchte die Erde spüren, die Natur atmen und meinen Rhythmus finden. All das wäre schwierig, würde ich in einen Laufwettbewerb eintreten. Ich lasse mich gerne überholen und freue mich, dabei so viele zu treffen - zumindest am Vormittag.

In Tábara traf ich den Studenten Kai, der bewusst spät losgeht, damit ihn niemand überholen kann. Die Erfahrung, überholt zu werden, ist für ihn unerträglich. Das ist eine interessante, doch fragwürdige Stressmanagement-Strategie. Nach dem Motto: „Lieber nichts anstreben - dann kann ich auch nicht scheitern." Vielleicht versteckt sich diese Vermeidungs-Haltung hier und da im Lebensentwurf so mancher Menschen - mich eingeschlossen? Kai läuft den Camino, weil er einmal einen Achilles-Sehnenriss hatte, der ihn drei Monate ans Bett gefesselt hat. Er hatte höllische Angst, das würde noch einmal passieren. Er dachte sich, wenn er den Camino schaffe, würde er seine Angst davor verlieren. In Sevilla gestartet, meinte er jetzt, er habe diese Angst schon überwunden.

Witzig seine Logistik: Nachdem es auf seinem Weg vor Salamanca zwei Wochen lang nur geregnet und gestürmt hat, hat er sein Gepäck erleichtert und unter anderem seinen Sonnenhut nach Hause geschickt. Er dachte, er brauche ihn nicht mehr. Nun musste er wieder einen neuen kaufen. Eine Dänin hat sogar ihren Schlafsack weggeworfen, weil er ihr durch den Dauerregen zu nass war. Über diese Verzweiflungsgeschichten habe ich mich köstlich amüsiert. Vor allem auch, weil sonst so banale Dinge auf diesem Weg plötzlich eine große Bedeutung erhalten können.

Alle Pilger sind irgendwie liebenswert. Von jedem kann man etwas lernen. Jeder, den ich auf dem Weg bewusst wahrnehme, spiegelt mir etwas. Vielleicht sind die Ereignisse und Begegnungen auf dem Jakobsweg eine Metapher, eine fraktale Miniaturausgabe für das globale Leben, welches sich auf diesem Planeten abspielt?

Die 18 Etappen

I. 16.05.2012
Beginn zwischen Zamora und Montamarta 6,4 km, noch 404,9 km bis Santiago

II. 17.05.2012
Montamarta - Granja de Moreruela, 23,3 km, noch 381,6 km nach Santiago

III. 18.05.2012
Granja de Moreruela - Tábara 26,7 km, noch 354,9 km nach Santiago

IV. 19.05.2012
Tábara - Santa Croya de Tera 22,5 km, noch 332,4 km bis Santiago

V. 20.05.2012
Santa Croya de Tera - Calzadilla de Tera - Ríonegro del Puente - Mombuey 37,9 km, noch 294,5 km bis Santiago

VI. 21.05.2012
Mombuey - Puebla de Sanabria, 31 km, noch 263,5 km bis Santiago

VII. 22.05.2012
Puebla de Sanabria - Requejo 12,8 km, noch 250,7 km bis Santiago

VIII. 23.05.2012
Requejo - Lubián. 19,4 km über den Padornelo-Pass 1360 m, noch 231,3 km bis Santiago

IX. 24.05.2012
Lubián - A Gudiña, 24,7 km, über den Pass „A Canda"
1260 m, noch 206,6 km bis Santiago

X. 25.05.2012
A Gudiña - Laza, 35,4 km, noch 171,2 km bis Santiago

XI. 26.05.2012
Laza - Vilar de Barrio, 19,9 km, noch 151,3 km bis Santiago

XII. 27.05.2012 - Pfingstsonntag
Vilar de Barrio - Xunqueira de Ambía 13,9 km, noch
137,4 km bis Santiago

XIII. 28.05.2012
Xunqueira de Ambía - Ourense, 23,4 km, noch 114 km nach
Santiago

XIV. 29.05.2012
Ourense - Cea, ca. 24 km über einen Umweg, noch 92,1 km
nach Santiago

XV. 30.05.2012
Cea - Castro Dozón über Oseira - 20,2 km, noch 71,9 km
nach Santiago

XVI. 31.05.2012
Dorf Castro Dozón - Kleinstadt Silleda 29,3 km, noch 42,6 km
bis Santiago

XVII. 01.06.2012
Silleda - Ponte Ulla, 20,7 km, noch 21,9 km nach Santiago

XVIII. 02.06.2012
Ponte Ulla - Santiago, glücklich angekommen

16.05.2012 Zamora - Montamarta, 6,4 km, Beginn mitten auf der Strecke, noch 404,9 km bis Santiago - sehr heiß, doch glücklicherweise ein kühlendes Lüftchen

Bin tatsächlich auf dem Camino angekommen! Bisher schien mir das unwirklich - jetzt glaube ich es langsam. Das Photo markiert meine Startposition.

Mein Flug gestern Abend mit einem Jumbojet war fabelhaft. Neben mir saß ein deutscher, in Spanien lebender „Caminofachmann", der gute Tipps für mich hatte. Compostela heißt übrigens Sternenfeld - deshalb nenne ich meine Berichte jetzt "Sternenfeldnews". Den Camino betrachte ich als ein Sammeln von Sternen der Inspiration.

Der Flug kam gestern spät in Madrid an. Bei der Anmietung des Leihwagens kam sogleich die erste Überraschung. Für die Abgabe des PKW in Salamanca musste ich den doppelten Preis zahlen. Das stand nicht auf der Rechnung - nur im Kleingedruckten. Vielleicht ist dies ein Hinweis, hier und da gründlicher zu sein? Ich erhielt keinen Auto-Schlüssel, sondern einen Chip. Damit kam ich mitten in der Nacht gar nicht klar. Also den weiten Weg vom Parkplatz wieder zurück: „Bitte ein Auto mit klassischem Schlüssel." Das Vertraute fühlt sich besser an. Dieser Auftakt war alles andere als sanft. Da ich beschlossen hatte, alles auf dem Weg so anzunehmen, wie es kommt, durfte ich schon mal kräftig üben.

Heute Morgen fängt es wieder witzig an. Das Smartphone ist "tot". Es ist aus unerklärlichen Gründen völlig entladen. Was bedeutet diese Metapher? Soll ich mich hier auch entladen? Dann springt das Auto nicht an. Schreck lass nach! Zufällig löse ich Minuten später die Handbremse und wundersamer Weise springt das Auto an. Diesen Zusammenhang kannte ich bisher nicht. Die Handbremse ist eine Metapher für Handlungen. Welche Handlungen bremsen meine Energie aus? Und was sagen die Sterne zu dieser überraschenden Lösung? Vielleicht: Dramen nicht so ernst nehmen und annehmen - dann lösen sie sich in Luft auf?

Danach kommt alles in den Fluss. Mein Navi schicke ich mit der Post nach Hause, fahre mit dem Taxi zum Busbahnhof und bald sitze ich im Bus nach Zamora. Da ich erst um 15.45 Uhr ankomme, kann ich keine ganze Tages-Strecke mehr laufen. Ein Taxi setzt mich im Feld 6,4 km vor Montamarta ab. Unterwegs sehe ich die ersten Pilger am Horizont entlang laufen. Später treffe ich sie genau an dem Grenzstein auf dem Photo. Es sind Franzosen im Laufschritt, die mich gleich fragen, wie weit es noch bis zur Herberge ist. Sie sind schon seit über vierzig Kilometern unterwegs und haben im letzten Ort keine Unterkunft finden können. Gut, dass ich erst hier starte!

Bei fünfundzwanzig Grad und Sonne komme ich gegen 18 Uhr in der Herberge an. Das hat mir für die erste Etappe auch gereicht. Mein linker Fuß schmerzt sonderbar - fühlt sich so eine Blase an? Oh ja, in kurzer Zeit habe ich mir eine fette Blase unter meinem linken Fußballen erlaufen. Wie ich später erfahre, darf man eine Fußpflege nicht kurz vor dem Weg machen, da die Füße danach zu empfindlich sind. Meine Fußpflege war erst drei Tage vorher. Um ein echter Pilger zu werden, habe ich wohl noch viel zu lernen!

Einzigartig, direkt hinter der Herberge: Auf jedem Hochspannungsmast wohnt eine Storchenfamilie - alle auf der gleichen Seite. Sind das Generationen einer ganzen Sippe, die sich die Masten redlich teilen?

In Montamarta gibt es zwar nichts zu kaufen - Feiertag! Aber in meinem

noch viel zu schweren Rucksack befindet sich genügend Proviant. An die Herbergssitten muss ich mich erst gewöhnen. Man schnappt sich ein leeres Bett in dem großen Schlafraum mit Doppelstockbetten. Irgendwann kommt jemand zum kassieren. Als erste große Lektion lerne ich, dass man sich abends für den nächsten Tag vorbereiten muss. Nassarbeiten sollten am Vorabend erfolgen, sonst ist das Gepäck zu schwer wegen nasser Klamotten. Und dusch-feuchte Füße neigen zur Blasenbildung.

Ab 21 Uhr ist es plötzlich still. Alle liegen in den Betten, damit sie um 5 Uhr aufstehen und gegen 6 Uhr losziehen können. Nur ich bin noch aktiv wie in meinem normalen Leben. --- Bin gespannt auf morgen!

17.05.2012 Montamarta - Granja de Moreruela, 23,3 km, heißes Wetter, noch 381,6 km nach Santiago

Heute ist mein erster richtiger Wandertag. Die Streckenlänge ist eine große Herausforderung für mich. Alle anderen sind teilweise mit Taschenlampen im Dunkeln losgegangen. Ich wunderte mich schon, wieso es noch in der Nacht so viel geraschelt hat. Zwei Koreanerinnen bewegen sich wie Katzen, leichtfüßig mit leichtem Gepäck. Eine französisch-kanadische Männergruppe rennt bis zu 50 km am Tag. Die werde ich wohl nie wieder sehen. Ein deutscher Student, dem sich eine deutsche Frau angeschlossen hat, gibt hier auf. Der Weg gefällt ihm nicht. Er will tatsächlich auf den französischen Weg und ihn von Anfang an laufen. Die Frau ist etwas deprimiert. Sie hat so lädierte Füße, dass sie ohnehin erst einmal aufgeben muss. Verständlich, denn die beiden sind schon in Sevilla gestartet.

Ich bin die Letzte, die die Herberge verlässt und mache mich um 8 Uhr auf den Weg. Noch immer kann ich nicht glauben, dass ich das hier wirklich mache. Der Ort schläft noch. Hinter Montamarta gibt es einen malerischen Felsen mit einer Kirche drauf. Dann komme ich an einem gelben Pfeil vorbei unter dem steht: "Que Dios te acompane" (Möge Gott dich begleiten.) Irgendwie tröstlich! Ich denke, dass ich alle Ermutigung und gute Begleitung brauchen kann, während ich mit einem etwas mulmigem Gefühl völlig alleine ins Ungewisse des Weges gehe. Nie wieder habe ich später einen solchen Hinweis gelesen.

Heute sind es neunundzwanzig Grad, angenehmer Wind, während der Camino durch bunte Felder voller Mohn und bunter Blüten führt. Er macht einen großen Umweg über das Wasser führende Tal des Rio Esla. Nachdem ich lange alleine unterwegs bin, treffe ich hier Norman, einen deutschen alten Camino-Hasen. Er hat kaum Gepäck, da er durch einen Unfall nicht mehr viel tragen darf. Ein Taxi befördert seinen Koffer von Etappe zu Etappe. Er hat seinen ganzen Weg im Voraus durchgeplant - ich bin beeindruckt. Er ist schon um die siebzig Jahre alt, sieht aber viel jünger aus und läuft recht flott. Ich bin bald aus der Puste und lasse ihn nach einiger Zeit und netten Unterhaltungen in seinem Tempo weiterziehen.

Beeindruckend ist der Weg entlang der riesigen zerfallenen Jakobsritterburg "Castrotorafe" aus dem 12. Jhdt. Sie ist schätzungsweise zehn oder mehr Fußballfelder groß. Ich gehe ein wenig hinein, um ihren Flair zu spüren. Was mag sich hier in vielen Jahrhunderten zugetragen haben, Freud und Leid? Unglaublich, welche Anstrengungen Menschen im Laufe der Geschichte unternommen haben - getragen von den Werten, an die sie geglaubt haben. Ich habe Achtung vor ihnen. Es gab natürlich auch andere Motive und der Camino hat seine historischen Schattenseiten. Machtmissbrauch, Unterdrückung, Gewalt, Grausamkeiten und Manipulationen - er hat alles gesehen, wozu Menschen fähig waren. Doch jeder Pilger, der ihn heute geht, trägt einen Teil zum Ausgleich dieser Schat-

tenseiten bei. Je mehr Menschen ihn mit ihren Herzqualitäten berühren und das Bewusstsein der Einheit von allem, was ist, in sich tragen, desto mehr verwandelt er sich in einen funkelnden Sternenweg der neuen Zeit.

Allein, was mich heute stört, ist der Rucksack. Die Schultern wollten ihn schon nach zehn Kilometern abwerfen. Sie haben mit vielen Pausen durchgehalten. Ich laufe lange, ohne eine Bar zu finden. Ein Kaffee würde mir soooo gut tun. Es wird immer heißer. Dann reicht es mir, und ich gehe einen Umweg von eineinhalb Kilometern, um eine Bar in Fontanillas de Castro an einer Tankstelle der Hauptstraße N-630 zu finden. Wie diese Orte das nur aushalten, nicht mal eine Bar zu haben! Der Cafe leche und die Tortilla tun gut, ich pflege meine Blasen und erfrische mich. Der Fernseher läuft mit einer Unterhaltungsshow. In diesem Moment erscheint mir so ein Ding, und was da über den Bildschirm flimmert, seltsam befremdlich. Ich habe andere Prioritäten - nämlich rein physisch den Herbergsort zu erreichen. Die Rast tut gut - erstaunlich, wie eine kleine Pause regenerieren kann.

Erstmals ignoriere ich den Verlauf des Jakobsweges und gehe schnurstracks auf dem heißen Asphalt der Landstraße in den nächsten Ort Riego del Camino. Dort wäre zwar eine Bar gewesen, wie sich später herausstellt. Aber von anderen höre ich, dass sie sehr dreckig war und die Wirtin gewöhnungsbedürftig. Auch die Herberge dort soll ein Spinnenwebennest gewesen sein. Noch lange höre ich die amüsanten Horror-Erzählungen darüber - so wie diese: Ein Pilger hat in dieser Bar ein Menü im Nebenraum eingenommen. Die Nudelsuppe schmeckte ihm einfach nicht. Er wollte die Wirtin nicht enttäuschen. Wohin nur mit der Suppe? Er goss sie einfach in eine seiner Taschen. Die Wirtin kam zurück für den Hauptgang und war sehr angetan, dass der Teller leer war und die Suppe dem Pilger so gut geschmeckt hat.

Die Geschichte ist lustig - aber auch denkwürdig. Um anderen nicht weh zu tun, sind wir zu mancherlei Verbiegungen bereit. Der Ausgangspunkt dieses Verhaltens ist der Glaube, der andere könne mit der Wahrheit nicht konstruktiv umgehen. Damit machen wir ihn zunächst einmal kleiner als uns selbst. Wir entscheiden darüber, zu was er fähig ist oder nicht, und merken nicht, welche Grenzüberschreitung das ist. Die Wirtin bekam keine Chance für eine faire Rückmeldung, die sie vielleicht zu Verbesserungen bewegt hätte. Sie war vielleicht einen Moment glücklich über den leeren Teller - doch hat es ihr wirklich gedient?

Gegen vier Uhr komme ich in der Herberge von Granja an. Die Herberge ist gleichzeitig eine örtliche Bar und entsprechend laut ist es die halbe Nacht. Doch immerhin hat sie ein Restaurant - wie gut. Zum Glück liege ich im hinteren Teil des Schlafraums hinter einer Tür - direkt neben den Duschen.

In der Herberge treffe ich den freundlichen und geselligen Theo, der mit dem Engländer Jack schon eine Weile zusammen unterwegs ist. Beide kommen aus Sevilla. Durch sie inspiriert, trinke ich mein erstes kühles Bier seit Jahren. Es tut gut nach der Wanderung - warum auch immer. Wir gehen gemeinsam einkaufen. Im Ort gibt es eine Apotheke und einen Lebensmittelladen. Was sich hier "Supermercado" nennt, ist oft ein kleines Loch, welches man von der Straße aus kaum erkennen kann. In der Apotheke decken wir uns mit Blasenpflaster ein. Unser Bedarf ist enorm hoch.

Dann genießen wir ein vergnügtes Abendessen, zu dem sich auch Norman gesellt. Ich bin irgendwie erleichtert, die erste große Etappe bewältigt zu haben. Alle an meinem Tisch sind zwischen fünfundsechzig und fünfundsiebzig Jahre alt - unglaublich. Wir lachen viel, während sie ihre Caminogeschichten erzählen.

Wegen der Blase, der Erschöpfung und da der heutige Tag etwas zu viel für mich war, beschließe ich, morgen mit dem Taxi weiterzufahren. Doch dieser Altherrenclub hat mich glücklicherweise inspiriert, die 27,5 km morgen zu wandern. Dafür nimmt das Taxi von Norman einen kleinen Teil meines Gepäcks mit nach Tábara. Die anderen wollen mich begleiten. Zum Glück, denn die Landschaft, die da auf mich wartete, hätte ich mir nicht entgehen lassen wollen.

Als ich schon eine Weile im Bett liege, kommt ein netter spanischer Fahrradfahrer und ergattert den letzten freien Schlafplatz über mir. Statt in sein Bett zu steigen, hockt er sich vor meines und erzählt mitten in der Nacht gefühlte Stunden lang spanische Geschichten als ob wir uns schon lange kennen und ich perfekt Spanisch sprechen würde. Ich sage hier und da etwas - aber die Unterhaltung bleibt sehr einseitig wegen meiner fehlenden Vokabeln. Er ist Sportler und kein typischer Pilger. Er fährt in die entgegengesetzte Richtung und nutzt dabei die Infrastruktur des Camino. Irgendwann gelingt es mir, ihn dann doch in sein Bett zu dirigieren, in der Hoffnung, dass er die Nacht durchschläft!

18.05.2012 Granja de Moreruela - Tábara, 26,7 km, sehr heißer und sonniger Tag, noch 354,9 km nach Santiago

Im Morgengrauen starte ich mit Theo und Jack. Hinter der Dorfkirche erreichen wir den Punkt, an dem man sich entscheiden kann - entweder über Astorga auf den Camino Francés zu gehen - oder über Ourense den mozarabischen Weg zu nehmen.

Es ist erst mein dritter Tag. Da sind die fast siebenundzwanzig Kilometer nach Tábara eine große körperliche Herausforderung. Dafür werde ich mit einer atemberaubenden Landschaft belohnt. Mit der malerischen Flusslandschaft des Esla und seiner ästhetischen Brücke, mit kilometerlangen Hainen voll gelbem Ginster, violettem Schopf-Lavendel, den rosenähnlichen weißen Blüten der Cistus-Büsche und dem Duft von wildem Thymian. Sogar wilde Pfingstrosen stehen am Weg. Das Wetter ist traumhaft - fünfundzwanzig Grad, etwas Wind und Wolken. Jack und Theo laufen voraus. Der untersetze Fernando kommt von weitem angewalzt. Mit seinem rustikalen Wanderstab ist der Spanier heute schon in Montamarta gestartet. Ob er für die Olympiade der Geher trainiert? Wir unterhalten uns kurz über seine Aufenthalte in Deutschland.

Er hat schon alle Caminos hinter sich und geht jedes Jahr einen zum wiederholten Male. Er findet es toll, den Camino abzurennen und bald ist er verschwunden. „Wie kann man nur in seinem Alter so fit sein", denke ich erstaunt. Davon bin ich Lichtjahre entfernt. Theo begleitet mich heute erfreulicherweise gemäß seinem gestrigen Versprechen den ganzen Weg lang. Er hat sein normales Tempo für mich gedrosselt. Das hat mir gut getan, denn noch immer fühle ich mich ein wenig unsicher. Danke, Theo. Sein Laufkumpel Jack hat nach der Brücke über den Esla die Landstraße gewählt und ist weit vor uns in der Herberge.

Unterwegs treffen wir viele nette Wanderer. Zwei lustige Holländer - ebenfalls alte Camino-Hasen. Der eine ist angeblich Gefängnisdirektor, wie ich später erfahre. Zwei ältere, allein wandernde Frauen rennen nacheinander im Laufschritt an uns vorüber. Ich bin beeindruckt.

In drei Tagen habe ich nur eine englisch sprechende Spanierin getroffen. Ohne etwas Spanisch ist man hier ziemlich aufgeschmissen. Nicht einmal die Akademiker sprechen Englisch. Erst seit ca. zehn Jahren ist Englisch Pflichtfach in den Schulen.

Auch die Versorgung mit Wasser ist hier und da problematisch. Heute kommt uns aus heiterem Himmel Leopoldo entgegen, der freiwillig mal nach den Pilgern schaut und uns mit Wassernachschub versorgt. Er erzählt uns seine Camino-Geschichten und was er hier alles schon erlebt hat. Irgendwie verstehen wir, was er erzählt.

In Faramontanos de Tábara - noch ca. acht Kilometer von unserem Ziel entfernt - finden wir endlich eine Bar und machen eine längere Rast. Einige andere deutsche Pilger tauchen auf, die Theo kennt. Dorothee will uns animieren, mit ihr in der Dorfhalle zu übernachten, damit sie dort nicht so alleine ist. Wir entscheiden uns, weiter zu gehen, um Jack zu treffen. Bert, der bayrische Wurzelsepp, und andere bleiben. Bert ist einer von den Männern auf dem Camino, die auffällig so tun, als ob sie nicht die leiseste Regung eines Gefühls oder einer Emotion hätten. Doch man spürt, dass sie innerlich voller Gefühl sind.

Etwa sechs Kilometer vor Tábara würde ich mich am liebsten auf der Stelle schlafen legen. Ich kann nicht mehr. Wäre ich alleine gewesen, hätte ich es wohl auch getan. Ich krieche auf dem Zahnfleisch. Jeder Schritt ist eine Qual. Die Herberge ist zu allem Überfluss ganz hinten im Ort - direkt neben einem Handymast! Erst gegen 18 Uhr kommen wir an.

Auf diesem Camino Sanabrés laufen am Tag pro Etappe so etwa zwanzig Leutchen. Viele Deutsche, aber auch Franzosen, Holländer,

Italiener, Australier, Kanadier, Koreaner, Engländer, Portugiesen etc. und natürlich Spanier. Es ist auffällig, dass es vorwiegend Menschen sind, die Zeit haben: Studenten und Pensionäre.

Die Herbergen sind eine Nummer für sich - haben aber irgendwie ihren Charme. Fast alle Schlafräume sind Unisex. Man rückt sich nah auf die Pelle und hat daher auch mehr Kommunikation als in einem Hotelurlaub. Viele Herbergen haben sogar eine Küche - die hier in Tábara sogar eine recht gute. Nur der Platz auf der Wäscheleine reicht absolut nicht. Einen Hospitaleiro und einen Stempel für den Pilgerpass gibt es hier nicht. Man wirft eine Spende ein und der Letzte den Schlüssel in einen Briefkasten.

Nach den üblichen Pilgerroutinen gehen wir ins Dorf und versuchen, etwas Essbares zu finden. Ich frage nach vegetarischen Speisen. In einer Bar meint der Wirt, ich solle eine halbe Stunde warten, bis seine Frau kommt. Sie könne mir sagen, was sie vegetarisch kochen kann. Wirklich attraktiv! Ein Hostal hat ein Pilgeressen - das geht einigermaßen.

Es ist wohl die Erschöpfung des heutigen Tages, dass mich heute Abend die spanische Lethargie nervt. Scheinbar niemand bemüht sich um Englisch. Nicht einmal in den Bars auf einer Pilgerstrecke, an der die halbe Welt vorbeiläuft. Als Vegetarier fühle ich mich hier wie in einer Wüste. Kulinarisch weichen sie für Kundenbedürfnisse nicht von ihrem Status quo ab. Am heutigen Abend bin ich angefressen und bemühe mich, das alles zu akzeptieren.

Im Gemeinschaftsschlafraum mit vierzehn Betten schnarchen schon alle Nationen um die Wette. Zur Belüftung will ich noch das Fenster aufmachen. Da wehrt sich ein Spanier der halbnackt am Fenster schläft, es würde ziehen. Nun ja. Später mitten in der Nacht wache ich auf und die ganze Bude ist zum Ersticken miefig. Jetzt reicht es mir - ich mache das Fenster in der Küche auf und die Tür dazu - lasse mal frische Luft durch die Haustüre rein. Wer weiß, ob sonst am nächsten Tag noch alle leben . . . Dabei muss ich aufpassen, dass die beiden Koreanerinnen nicht erfrieren, die stets gleich neben der Tür schlafen, damit sie sich früh hinaus schleichen können. Sie haben keinen Schlafsack dabei, um Gewicht zu sparen.

Impressionen vom Lavendelweg nach Tábara

19.05.2012 Tábara - Santa Croya de Tera 22,5 km mit dem Taxi, noch 332,4 km bis Santiago

Heute habe ich mich dann doch mit dem Taxi nach Santa Croya de Tera fahren lassen, um meinen katerigen Muskeln und meinen blasenträchtigen Füßen eine Pause zu geben. Lieber langsam anfangen, als schnell aufhören! Ich gönne mir ein Einzelzimmer in der Herberge, nachdem ich das Schnarchkonzert der letzten Nacht nur schlafarm überstanden habe. Das Haus wird von zwei Deutschen geführt - Domingo und seiner Tochter Anita. Sie haben das Haus vor etwa sieben Jahren eröffnet - inspiriert durch den Jakobsweg. Der Standard übertrifft die üblichen Herbergen - kostet natürlich auch mehr.

Es ist kühler, sonnig und stark bewölkt - ein Temperatursturz. Vielleicht sind die Eisheiligen verspätet unterwegs? Die Herberge befindet sich neben einem schönen Fluss-System, welches an einer Stelle zum Baden gestaut ist. Zeit, die Beine im Wasser baumeln zu lassen. Zeit inne zu halten. Werde ich diesen Weg schaffen? Warum gehe ich ihn überhaupt? Was bedeutet das, was ich bisher erlebt habe? Bin ich schon ganz auf dem Weg angekommen? Ich frage mich, warum ich auf diesem Weg bin und was die Erlebnisse und Begegnungen bedeuten. Vieles ist persönlich und ich kann darüber nicht schreiben. Ich weiß nur, dass für mich einiges anders ist, als es in diversen Büchern beschrieben ist. Jeder hat seine individuellen Wahrnehmungen. Für mich ist es derzeit noch ein lückenhaftes Puzzle. Ich habe jedoch den Eindruck, als würden mir am Anfang des Weges alle Dinge gezeigt, die eines näheren Hinsehens bedürfen. Ich bin sicher, das Puzzle setzt sich zur rechten Zeit zusammen.

Man trifft hier die urigsten Typen. Manche sehen aus, als hätten sie schon den ganzen Planeten zu Fuß umrundet. Es gibt Leute, die schaffen am Tag vierzig bis fünfzig Kilometer - leichtfüßig rennen sie vorbei wie ein D-Zug. Fast alle sind „Wiederholungstäter". Unerfahren wie ich ist hier niemand. Sie wundern sich, dass ich diesen schwierigeren Camino als Einstieg laufe. Auf dem Camino Francés findet man alle fünf bis zehn Kilometer eine Herberge - hier findet man lange nicht einmal eine Bar. Schnell wird mir klar: Zwanzig Kilometer sind meine Wohlfühlstrecke.

Im nur siebenhundert Meter entfernten Nachbarort Santa Marta de Tera befindet sich eine kleine schmucklose Kirche, die dennoch eine historische Kostbarkeit birgt: Die älteste Statue des wandernden Jakobus aus dem 11. Jhdt. Natürlich ist Jakobus selbst nie einen Jakobsweg gelaufen. Diese Erfindung entstand erst nach dem vermeintlichen Fund seines Grabes. Es ist nicht einmal 100%ig sicher, ob er überhaupt in Spanien gewesen ist. Umso erstaunlicher ist, dass sein Vermächtnis einen der größten Pilgerorte Europas entstehen ließ. Fest steht nur: Seinen persönlichen Jakobsweg ist er sicherlich gelaufen!

Ich mache einen Spaziergang nach Santa Marta de Tera und unterwegs kommt mir Theo entgegen. Er hat dort in der schlichten Herberge im Rathaus Quartier bezogen. Auch Jack und die Koreanerinnen treffe ich in der einfachen Unterkunft. Ich hatte sie schon vermisst. Als mich die Koreanerinnen sehen, fällt mir eine sogar um den Hals vor Freude.

Die Kirche besichtigen wir gemeinsam. Sie ist eine der wenigen, die auf diesem Weg geöffnet sind. Eine Frau zeigt uns für einen Euro ganz stolz die Jakobsweg-Ausstellung in ihrer Kirche und ist mit großer Freude bei ihrem Engagement.

Wie gehen die Spanier mit den Pilgernden um? Das Spektrum ist naturgemäß groß - doch die Extreme zeigen sich deutlich. Viele Leute reagieren sehr freundlich und mitfühlend. Manche fühlen sich fast gesegnet, wenn sie Pilger sehen. Im anderen Extrem gibt es die, die seltsam grimmig drein schauen und keinerlei Notiz davon nehmen.

Ein symbolisches Bild möchte ich dem Leser mitgeben: Während der Wanderungen richten wir uns nach gelben Pfeilen, die wir manchmal auf Bäumen und Steinen suchen müssen. Die gelben Pfeile können als Metapher für den persönlichen Lebensweg dienen. Entlang der Pfeile fließt die Energie des richtigen Weges. Jeder hat seine eigenen gelben Pfeile im täglichen Leben. Wir erkennen sie daran, dass wir etwas tun, was uns in guter Energie hält. Unser Lebensweg ist wie ein unsichtbar vorgezeichneter Energiestrahl. Auf ihm machen wir die Erfahrungen, die uns in diesem Leben dienen. Sobald wir Energie verlieren, haben wir den Kontakt zu unseren persönlichen gelben Pfeilen verloren. Dann heißt es, wieder auf Kurs und in Kontakt mit den eigenen gelben Pfeilen zu kommen, bevor es mit voller Fahrt weitergehen kann.

Der Tag heute vergeht auch ohne Wanderung schnell. Im Casa Felisa gibt es ein fröhliches Pilgeressen an einem langen Tisch. Es schmeckt. Erstaunt und amüsiert beobachte ich meine Gefühle, dass ich mich den anderen heute nicht ganz ebenbürtig fühle. Denn sie sind gewandert und ich bin mit dem Taxi gefahren. So eine richtige Pilgergemeinschaft muss man sich wohl erst verdienen . . .?

Sogar Kai ist angekommen - natürlich als Letzter. Gemäß seiner Strategie, nach allen anderen los zu gehen, um sich von niemandem überholen lassen zu müssen. Heute Morgen war er der Letzte, der nach mir die Herberge in Tábara verlassen hat.

Am Nachbartisch sehe ich erstmals zwei ältere Damen, deren Kommunikationsverhalten mir eine Weile Rätsel aufgeben sollte. Sie werden zur Charakterisierung der „Sprich mich nicht an"-Fraktion.

Nach dem Schreiben meines Tagesberichts im Internet genieße ich mein Einzelzimmer.

20.05.2012 Santa Croya de Tera - Calzadilla de Tera - Ríonegro del Puente - Mombuey, 37,9 km, noch 294,5 km bis Santiago

Welch ein schöner Tag heute! Zehn Kilometer bin ich mit Norman nach Calzadilla de Tera im Taxi gefahren, da die Tagesstrecke sonst zu lang gewesen wäre. Er hat einen schnelleren Schritt als ich und ist schon bald nicht mehr zu sehen.

Der erste Teil des Weges führt über Wiesen im Morgentau vorbei an einer romantischen Pilgerkirche mit ehemaliger Einsiedelei. Die Kirche ist natürlich geschlossen. Zuerst bin ich lange alleine unterwegs. Dabei kann ich hören, wie laut es in meinem Kopf noch ist. Es ist, als würde da ununterbrochen eine Schallplatte laufen. Was treibt sie an und wann ist sie eigentlich aufgenommen worden?

Der Weg geht bergauf durch wundervolle Haine. Es ist ein längerer Umweg, da der Camino hier über eine sehr hohe Talsperre führt. Später verläuft er als gut ausgebauter Weg am Ufer entlang durch schöne Ginster- und Cistus-Haine. Herrlich!

Irgendwann sehne ich mich nach einem Cafe leche, denn der Automatenkaffee heute Morgen war nur zum Wegschütten gut. Dann kommt ein entscheidender Hinweis: Kaffee ein

Kilometer! Der Eingang des Ortes Villar de Farfón hat eine kleine geteerte Straße, die so breit wie eine Fahrbahn ist. Trotzdem gibt es einen fein säuberlichen Mittelstreifen - irgendwie schnuckelig. Von der Bar ist erst einmal nichts zu sehen. Ob der Hinweis wohl ein Gag von denen ist, die die Pilger durch falsche Pfeile hier und da an der Nase herumführen möchten?

Erst ganz am Ende des Ortes finden wir ein geschmackvoll renoviertes Haus mit einem deutsch-englischen Ehepaar. Sie haben einen Rastplatz mit Tee und Keksen sowie vier schöne Herbergsbetten eingerichtet. In unseren Wanderführern sind sie noch nicht erwähnt. Sie waren lange als Missionare in Südafrika. Ich frage den angenehmen Engländer Brian, wovon man hier leben kann - in einer Gegend ohne Arbeitsplätze. Angeblich leben sie vom Gottvertrauen - mehr bekomme ich nicht aus ihm heraus. Stattdessen will er mir etwas vom Evangelium erzählen. Da hat er in mir irgendwie die Falsche oder Richtige getroffen. Es folgen heiße Diskussionen auf Englisch über Gott und die Welt, bei denen ein paar andere Pilger mit offenem Mund zuhören. Ich glaube, er war fertig danach, denn meine eher ganzheitliche Sichtweise hat er wahrscheinlich noch nie gehört. Es war unvermeidbar - er hat es selbst herausgefordert.

Nach einem langen einsamen Weg habe ich schon vor Villar de Farfón Gunnar aus Stuttgart getroffen, der auch im Casa Felisa übernachtet hatte. Er war mir dort als urige Gestalt aufgefallen. Er hat eine bewegte Geschichte hinter sich. Er hat ein Unternehmen erfolgreich geleitet, wurde dann wegen seiner angeblich zu sozialen Einstellung hinausgemobbt. Dann entwickelte er Depressionen. Mit diesem Problem arbeitet er aktiv in Selbsthilfegruppen, die er gegründet hat. Nach der Stärkung beim eifrigen Brian geht es mit ihm durch schöne Wiesen und Feldwegalleen weiter nach Rionegro del Puente. Gunnar und ich unterhalten uns so gut, dass das Laufen kurzweilig ist.

In Rionegro del Puente gibt es eine schöne Herberge. Doch es ist noch früh am Tag und nach einer längeren Rast fühlen sich Gunnar und ich fit genug, eine Etappe weiter zu laufen. Doch in der Ferne zieht ein düsterer Himmel auf. Trotzdem wagen wir es. Der Hagelsturm eiert um uns herum und hat uns tatsächlich verschont. Andere sind vor uns los, und die hat es voll erwischt.

Wir sind um 18 Uhr in Mombuey gelandet - für mich nach sechsundzwanzig Kilometern. Die Herberge hier in Mombuey ist ein romantisches Loch und sieht von außen eher wie das Gefängnis einer Westernstadt aus. Ihr fehlt jeder Komfort - immerhin gibt es eine warme Dusche. In dieser Herberge rücken wir eng zusammen - insofern ist es hier sehr kommunikativ und unterhaltsam. Ich stelle erstaunt fest, dass sich einer nicht duscht nach der schweißtreibenden Tour. Welchen Reiz hat es, in seinem eigenen Mief zu schlafen?

Nicht gerade zufällig befindet sich die Kirche neben der Herberge. Sie ist erstaunlicherweise offen und einen Besuch wert. Sie stammt aus dem 13. Jhdt. und hat einen begehbaren romanisch-gotischen Glockenturm.

Es ist Sonntag. Wir gehen zuerst ein kühles Bier trinken und suchen dann nach Essbarem in einem Motel an der Strecke. Etwas Vernünftiges zu Essen bekomme ich hier als Vegetarierin nicht. Den anderen sehe ich beim Fleischessen zu - wenigstens hatte ich vorher gegen den schlimmsten Hunger ein Eis verdrückt. Dann klappere ich jede Bar des Ortes ab - ohne Erfolg. Auf meine Frage nach Gemüse schauen sie mich an, als käme ich von einem anderen Stern. Zuletzt krame in meinem Rucksack und finde noch etwas mitgebrachtes Essen. Es reicht, um auch noch die streunenden Katzen des Ortes zu füttern. Zuerst hatte ich an meinem gesunden Menschenverstand gezweifelt, dass ich so viele Butterbrote, Walnüsse und Powerriegel aus Deutschland mitgebracht habe, die meinen Rucksack belasten. Doch nun fühle ich mich bestätigt.

Heute bin ich begeistert, wie weit ich problemlos gelaufen bin und wie schnell. Das Tempo von Gunnar hat mich mitgezogen. Nach diesem Tag frage ich mich, ob ich langsam an dem Punkt bin, dass meine Beine morgens einfach loslaufen wollen? Andere haben mir das prophezeit. Mal sehen!

21.05.2012 Mombuey - Puebla de Sanabria, 31 km, noch 263,5 km bis Santiago

Disziplin ist eine Sache, die ein Pilger braucht. Heute Morgen bin ich früh mit Gunnar los. Immerhin mache ich als Nachtmensch die neue Erfahrung, welch´ schönes Erlebnis die Natur am frühen Morgen ist.

Nachdem gestern ein großartiger Tag war, an dem ich weit gekommen bin, steckt mir doch heute einiges in den Knochen. Zu allem Überfluss scheint es der Tag der Umwege zu sein. Schon früh kommen wir an das Schild „Desvio", welches in die entgegengesetzte Richtung der Caminomarkierung zeigt. Dem glauben wir zunächst nicht und denken, ein Witzbold hätte es aufgestellt. Doch dann wird klar - es ist
wahr: Der Weg ist gesperrt wegen Straßenarbeiten. Die Umwege ermüden mich.

Das ist wie im richtigen Leben. Normalerweise ärgere ich mich über Umwege. Doch warum akzeptiere ich sie nicht einfach? Für irgendetwas sind sie gut - und sei es nur für das Lernen von Geduld. Oft bin ich sogar freiwillig Umwege gegangen, um etwas zu vermeiden oder fragwürdigen Glaubensmustern zu folgen, wie etwas zu sein hätte. Letztlich musste ich mich dann doch der Wahrheit stellen und die Verbiegungen korrigieren. Dazu fällt mir eine Geschichte ein, an die ich mich erinnere: Im Alter von vier oder fünf Jahren saß ich auf dem Stuhl eines Zahnarztes. Heute kaum vorstellbar - aber in den autoarmen Dörfern der Nachkriegszeit sind wir als Kinder selbst in diesem Alter schon alleine zum Zahnarzt gegangen. Denn die Eltern waren durch ein Geschäft gebunden. Er ließ mich wissen, dass er mir einen Milchzahn ziehen müsse. Ich bekam Panik, sprang vom Stuhl auf seine Füße und rannte kopflos nach Hause. Kurz vor meinem Elternhaus kam ich zur Besinnung und mir wurde klar, dass ich den Zahn sowieso eines Tages ziehen lassen müsste. Dann könnte ich es auch gleich erledigen anstatt mein Leiden weiter zu verlängern. Mit hängendem Kopf trabte ich zurück zum Zahnarzt und ließ mir den Zahn ziehen. Er belohnte mich mit einigen Groschen für meinen Mut. Das war großartig von ihm - ich war stolz auf mich.

Auf der anderen Seite erhöhen Umwege die Ortskenntnis, wie ein geflügeltes Zitat meint. Eine andere Weisheit besagt: „Der beste Weg zum Ziel verläuft selten gerade." Umwege sind häufig nötig, um wichtige Erfahrungen zu sammeln und neue Blickwinkel einzubeziehen.

Man kapiert schnell, dass der Camino leicht zu nehmen ist, wenn man hier alles so nimmt, wie es kommt. Das macht ihn so spannend: Man weiß nicht, wie die Unterkünfte aussehen und wem man begegnet. Vor allem weiß man nicht, ob man unterwegs einen Cafe con Leche oder etwas zu essen bekommt - geschweige denn etwas Vegetarisches. Heute Morgen fragen wir eine alte Frau in einem Dorf nach einer Bar - die gibt es nicht. Die nächste ist noch fünf Kilometer entfernt. Kurzerhand lässt sie uns an ihrem Frühstück teilhaben und bringt uns eine Tasse Kaffee. Wir genießen ihn in der Sonne auf der Granitbank vor ihrem Haus.

"Öffne deine Sinne und fühle die Freiheit" steht als Überschrift auf dem Flyer der Pilger-Herberge von Casa Felisa in Santa Croya. Das passt wirklich gut zu den Möglichkeiten, die das Wandern des Camino Santiago bietet. Die Natur ist unglaublich schön, auch viele Gewässer befinden sich in diesem Teil des Weges. Einen ganzen Tag auf eigenen Füßen in der Natur ist ein wunderbarer Luxus. Es ist ein heilsamer Kontrast zum Arbeitsleben in Räumen und vor dem PC.

Es wurde ein spanisches Ehepaar auf dem Fahrrad gesichtet, mit Kleinkind hinten drauf. Der Mann sagte, er mache den Camino, weil er einen Job haben möchte. Das hat uns sehr berührt und wir bezweifelten, ob das der richtige Weg sei, einen Job zu finden. Doch später erfuhr ich, dass man in Spanien tatsächlich leichter einen Job bekommt, wenn man den Camino gelaufen ist. Wenn mehrere Job-Bewerber zur Verfügung stehen, bekommt der den Job, der auf dem Camino war. Immerhin hat dieser Disziplin und Ausdauer bewiesen.

Eine Weile noch laufe ich mit Gunnar, doch sein Tempo ist mir heute zu schnell, und ich brauche mehr Pausen. Immer wieder muss er auf mich warten. Nach einer schwierigen Wegstrecke hinter Entrepeñas mit weiteren Umwegen geht es wieder steil bergauf nach Asturianos. Nach achtzehn Kilometern gebe ich dort auf. Entweder übernachte ich in der einfachen Herberge von Asturianos oder ich fahre die restlichen Kilometer nach Puebla de Sanabria mit dem Bus. Mein Rucksack ist noch zu schwer, und die heutigen Steigungen tun ihr Übriges. Meine Stimmung passt zu „Entrepeñas", welches ich mir frei übersetze mit „Zwischen den Mühen". „Pena" heißt „Strafe, Kummer, Mühe" - aber auch „Vogelfeder". Also zwischen Vogelfedern fühle ich mich gerade nicht!

Vor einer Bar in Asturianos treffe ich Gunnar, der auf mich gewartet hat. Er ist geladen. Denn gerade hatte ihn eine Barbesitzerin gebeten, seinen großen Wanderstock draußen zu lassen, damit er damit nichts kaputt macht. Den Stock aus einer Hasel hatte ihm sein Vater geschenkt. Für jede gelaufene Etappe graviert er einen Strich ein. Der Stock ist ihm heilig. Das hat ihn persönlich getroffen. Mit all meinen Künsten kann ich ihn nicht trösten. Er übt, sich nicht mehr bevormunden zu lassen. Ich sage ihm, er brauche nicht mehr auf mich Rücksicht zu nehmen und solle seinen Weg gehen. Ich könne ohnehin nicht mehr und überlege, für den Rest des Weges nach Sanabria den Bus zu nehmen. Die Bushaltestelle befindet sich direkt vor der Bar. Ich bekomme eine leckere Linsensuppe von der doch freundlichen Barbesitzerin. Ich lasse mir bestätigen, dass sie ohne Fleischbrühe ist. Doch später musste ich mir sagen lassen, dass Suppen ohne Fleischbrühe in Spanien undenkbar sind.

Der Bus lädt mich direkt vor der Pilgerherberge in Sanabria ab. Heute habe ich mir auf einem Zeh eine Blase gelaufen, die ich gar nicht bemerkt hatte. Von Antonio und seine Frau Pilar lerne ich eine der wichtigsten Lektionen für Pilger. Sie versorgen die Blase nahezu chirurgisch. Ich hatte mein Nähzeug vergessen und wusste gar nicht, dass es für Blasen gut ist. Man zieht einen desinfizierten Faden durch die Blase und lässt ihn über Nacht drin, damit die Flüssigkeit abfließt. Dann kann sie unter einem Pflaster heilen und die Haut wieder anwachsen. Meinen Bedarf an Pflastern und Blasenpflastern sowie Heilsalben habe ich völlig unterschätzt. Zum Glück haben sich die Apotheken hier auf den Pflasterbedarf eingestellt.

"Buen camino" wünschen einem die Leute hier unterwegs - und die Peregrinos sich gegenseitig auch. Die Spanier haben es geschafft, auf den Caminos ein Netz von Herbergen aufzubauen. Jedes Dorf hält irgendwo Betten für Pilger bereit - meist doppelstöckige Betten. Oft ist kein Betreuer da. Man übernachtet gegen Spende von ein paar Euro. Dafür gibt es keinen Komfort, große Unisex-Schlafräume und stets ein nächtliches Schnarchkonzert. Doch meist warme Duschen und Waschmöglichkeit für Klamotten. Da man oft wieder den gleichen Leuten begegnet, sind die verrufensten Schnarcher schon meilenweit bekannt.

Mit Ohrstöpseln gelingt es mir, in diesen Herbergen doch ein paar Stunden zu schlafen. Ihr Vorteil liegt in den lustigen Pilgergemeinschaften, die sich dort bilden. Diese Herbergen werde ich vermissen!

Heute bin ich in einer komfortableren Herberge, die zehn Euro kostet. Mit Antonio, Pilar und Barbara teile ich ein Vierbettzimmer. Barbara hat große Hüftschmerzen. Ich rate ihr, Pause zu machen und mal den Bus zu nehmen. Das ist offenbar ein Sakrileg - entsetzt wehrt sie diesen Gedanken ab. Kommt nicht infrage! Sie gehört eben noch zur Fraktion „No pain - no gain." In dieser Herberge kann ich Internet nutzen, es gibt eine Küche mit Kühlschrank - gepflegte Waschgelegenheiten. Gunnar kommt auch bald - doch ist er wortkarg. Abends treffe ich ihn an einer Bar. Dort schreibt und schreibt er in sein Tagebuch. Er will nicht reden und hat sich von der Barbesitzerin offenbar noch nicht erholt. Danach habe ich ihn nie wieder gesehen - nur in Einträgen der Herbergsbücher konnte ich seine Spur verfolgen. Er hatte vor, noch zwei weitere kleinere Caminos zu laufen und war daher in Eile. Wozu?

Nach dem mäßig essbaren Abendessen im Lokal gegenüber der Herberge, reizt es mich, die Altstadt von Sanabria noch schnell zu besichtigen, bevor die Herberge um 23 Uhr schließt. Dazu muss man in Serpen-

tinen viele Treppenstufen hinaufsteigen. Es geht einfacher und schneller als ich dachte. Oben hinter der von unten sichtbaren großen Mauer entfaltet sich eine wundervolle, romantische Altstadt. Hier finde ich die hübschen Lokale, in denen wir ein besseres Essen bekommen hätten.

22.05.2012 Puebla de Sanabria - Requejo, 12,8 km, noch 250,7 km bis Santiago

Heute warte ich auf die Öffnung der Post, um mein Gepäck zu erleichtern und die überflüssige Schlafmatte nach Hause zu senden. Paul und Toni aus Irland begleiten mich. Wir gönnen uns ein leckeres Frühstück bis die Post öffnet. Sie beenden hier ihre Wanderung. Sie gehören zu den Pilgern, die sich immer mal zehn Tage oder zwei Wochen frei nehmen und einen Abschnitt des Weges gehen. Bis Sanabria haben sie jetzt ihren fehlenden Abschnitt vollendet. Von Sanabria bis Santiago waren sie schon einmal gelaufen. Jetzt fahren sie mit dem Bus nach Santiago, um zurückzufliegen. Einer der beiden erzählt stolz von seinem zweiten Camino-Tripp, an dem er sich die Füße völlig wund gelaufen hatte. Ich glaube, er gehört zur Fraktion „No pain - no gain".

Sie berichten mir von einer Gruppe wilder italienischer Pilger. Diese haben in El Cubo de la Tierra del Vino einfach morgens die verschlossene Vordertür der Herberge eingetreten. Sie hatten offenbar nicht mitbekommen, dass die Herbergsgäste gebeten wurden, morgens durch die Hintertür raus zu gehen. Obwohl Spanisch und Italienisch sprachlich sehr nahe beieinander liegen, habe ich beobachtet, dass Italiener nicht unbedingt Spanisch verstehen.

Heute habe ich eine kurze Stecke gewählt, da ich mir den Pass (rauf und runter) und einunddreißig Kilometer nach Lubián nicht zugetraut habe. Dafür wird es morgen immer noch herausfordernd genug - der Weg nach Lubián. Und am Tag danach kommt der zweite Pass - rauf und wieder runter - vierundzwanzig Kilometer. Keine passable Ortschaft liegt dazwischen.

Es ist fünfundzwanzig Grad - wieder ein wundervoller warmer Sonnen- und Wandertag. Aus der mittelalterlichen Festungsstadt Sanabria führt der Camino durch vielfältige, flache Landschaften an einer Flussebene entlang. Es ist ein Geschenk, zu Fuß durch diese grandiosen Landschaften zu laufen. Heute allerdings geht es durch viel Gestrüpp und Matsch. Ein Bach bahnt sich den Weg über den Camino und der Wanderer muss streckenweise die Landstraße nehmen. Hier begegnen mir wandernde Kuhherden mit richtigen Cowboys. Es starrt mich so mancher Stier an und ich bin froh, dass ich keine roten Klamotten angezogen habe . . . !

In Terroso komme ich an einer historischen Jakobskirche vorbei. Dort haben die Könige und Päpste des Mittelalters auf dem Jakobsweg Station gemacht. Bis auf die Kirche ist alles zerfallen, doch der Platz ist für Pilger herrlich zum Rasten und bietet erfrischendes Wasser.

Zwei Störche tummeln sich in der nahegelegenen Wiese und flirten miteinander. Immer wieder schlagen sie ihre Schnäbel zusammen - offenbar eine störchische Liebkosung.

Meine anfängliche Sorge, dass man sich hier verlaufen könnte, ist völlig unbegründet. Der Weg ist großartig ausgeschildert und ein Navigationsgerät überflüssig. Erstaunt bin ich auch, wie gut die Wege ausgebaut sind. Heute das war eher ein Ausreißer. Schade nur, dass ich mit manchen angenehmen Wegbegleitern nicht mithalten kann. Jeder muss ja irgendwann seinem eigenen Rhythmus folgen. Die meisten sind schneller über die Berge als ich. So blieb mir gestern nichts anderes übrig, als mich von dem angenehmen Gesprächspartner Gunnar zu trennen, der schon Ende Mai in Santiago sein will.

Angekommen in dem Bergdorf Requejo, geht es steil bergauf zur offiziellen Herberge. Sie ist karg und menschenleer - nur Winfried, den ich dort zum ersten Mal treffe, war eingezogen. Lieber inspiziere ich ein nahegelegenes Herbergs-Hostal, welches etwas mehr Komfort und Internet bietet. Dort tummeln sich alle, denen ich schon begegnet bin. Winfried findet es dort auch gemütlicher und kommt nach.

Der Camino ist voller kleiner schöner Begebenheiten. In Requejo stehe ich ohne Rucksack in einem Lebensmittelladen. Ein kleiner Junge betritt den Mercado und mustert mich eine Weile prüfend von oben bis unten. Kurz vor dem Weitergehen sagt er ganz freundlich und bestimmt: "Buen Camino".

Es gibt auch Herausforderungen: Beim Kauen auf spanischem Käse ist mir heute Nachmittag die Brücke über einigen Implantaten rausgefallen. Ohje, so kann ich nicht weiter gehen. Kurz male ich mir aus, den Weg vorzeitig abzubrechen und einen Zahnarzt aufzusuchen. Doch langsam - es gibt immer noch eine andere Lösung. Haftcreme kommt mir in den Sinn. Ja, das müsste eine Weile klappen. In fast jedem kleinen Dorf gibt es eine Apotheke. Die Apothekerin flirtet mit ihrem Geliebten weiter am Telefon, während sie mir die Haftcreme verkaufen will. Die kostet sage und schreibe acht Euro. Ich schlucke und denke zuerst, sie macht Witze. Doch ich habe keine Wahl - Haftcreme und weitergehen oder den Weg unterbrechen.

Dafür ist hier der Cafe con leche superbillig und heute habe ich Nudeln mit Tomatensoße und ein Bier für drei Euro erhalten. Biertrinken ist sonst nicht mein Fall - aber das Wandern scheint andere Bedürfnisse im Körper zu wecken. Nach der Wanderung genieße ich gerne ein kühles Blondes.

Die Logistik des Pilgerlebens ist sehr einfach und hat naturgemäß klare Strukturen: Morgens Rucksack packen, Blasen verpflastern, vielleicht kurz etwas essen und trinken - dann los zwischen 6.30 Uhr (es wird später hell als bei uns) und 8 Uhr. Um 8 Uhr müssen alle aus den Herbergen raus sein. Wandern und am Zielort ankommen - Herberge suchen - einchecken. Duschen, Blasen pflegen, Klamotten waschen (damit sie noch trocken werden), Nickerchen machen, einkaufen und Brote schmieren für den nächsten Tag, Wasser auffüllen, Notizen machen, die Route des nächsten Tages studieren. Etwas essen gehen. In Spanien gibt es meist erst ab 21 Uhr Abendessen. Leise ins Zimmer zurück schleichen, sich dankbar ins Bett fallen lassen - Ohrstöpsel rein und hoffen, dass die Schnarchgeräusche nicht durchdringen.

23.05.2012 Requejo - Lubián, 19,4 km über den Padornelo-Pass 1360 m, noch 231,3 km bis Santiago

Die beiden Damen der „Sprich mich nicht an"-Fraktion haben gestern Nacht neben mir geschnarcht. Am Morgen lotse ich sie im Vorbeigehen in die Bar neben der Herberge, die schon früh geöffnet hat. Wunderbar, nach einem Cafe leche zu starten! Noch immer gibt es keine weitere Kommunikation mit den Damen. Da sie mein Tempo haben, begegne ich ihnen seit Santa Croya immer wieder.

Unterwegs denke ich über die beiden nach. Nur von Finnen weiß ich aus Erfahrung, dass sie glückselig sein können, während sie anderen erscheinen, als wollten sie von der nächsten Brücke springen. Beim heutigen Aufstieg nach Lubián treffe ich sie wieder und frage sie nach ihrer Nationalität. Bingo, es sind Finninnen, die kaum ein Wort Spanisch oder Englisch sprechen. Langsam tauen sie auf. Immer wieder treffen wir uns und gelegentlich rufen sie mir ein "Buen camino" zu.

Die Strecke heute ist wunderschön - aber herausfordernd. Der Weg führt durch viele Bergbachläufe. Ohne Walkingstöcke halte ich das für zu risikoreich. Ein Umknicken kann es gewesen sein. Trotzdem sind hier ausgerechnet drei deutsche Frauen ohne Stöcke unterwegs, weil sie angeblich zu schwer sind. Ich schätze meine Stöcke immer mehr für den hervorragenden Dienst, den sie mir erweisen.

Die Weg-Beschreibungen nach Lubián sind verwirrend, wie das Photo zeigt. Es gibt hier eine alte historische Straße über den Berg, die landschaftlich äußerst schön ist. Sie führt jedoch genau über den Pass. Es gibt eine Abkürzung über die Landstraße durch einen Tunnel - doch das widerstrebt sogar meiner Pilgerehre. Ich entscheide mich für die romantische historische Route.

Heute laufe ich fast die ganze Strecke alleine und bin froh, dass ich ganz in meinem Tempo gehen kann. Eine versteckte Wurzel lässt mich den Berg hinauf stolpern. Ich verletze mich an der

Hand - doch Pflaster habe ich genügend dabei. Danach bin ich vorsichtiger und so bleibt es der einzige ungewollte Bodenkontakt auf diesem Camino. Eine Ziegenhirtin kann nicht glauben, dass ich alleine unterwegs bin. Ich weiß nicht, ob sie das mit den verschiedenen Tempos verstanden hat. Die Strecke hinter dem Pass nach Lubián ist eine der romantischsten des ganzen Weges. Mit viel Aufwand hat der Ort Lubián alte Jakobswegverläufe wieder freigelegt. Man erkennt sie an den uralten moosbewachsenen Mauern am Wegesrand. Mit etwas Phantasie kann man Generationen von Händlern, Fürsten, Soldaten, Mönchen, Pilgern durch diese Wege ziehen sehen. Was haben sie auf diesem Weg gefühlt, erlebt, gedacht, gemacht? Es ist, als hätte jeder etwas hier hinterlassen, was nun still auf dem Weg liegt. Auch jeder heutige Pilger hinterlässt etwas von sich auf dem Weg.

Kurz vor Lubián führt der Camino über einen der vielen Gebirgsbäche auf dieser Strecke. An der Brücke ist das glasklare Wasser so tief, dass man darin baden könnte. Es reizt mich - doch unterwegs versage ich mir diese Erfrischung zur Blasenprävention. Die alte Granitstein-Herberge von Lubián steht an einem Hang direkt am Ortseingang. Sie ist leicht an der Wäsche der Pilger zu erkennen, die zum Trocknen aus dem ersten Stock wehen. Innen sieht sie nicht mehr so romantisch aus. Die Matratzen in der Herberge sind eklig verdreckt. So etwas habe ich auf dem ganzen Weg noch nicht gesehen. Ich kann mich einfach nicht darauf legen. Sie erinnern mich an eine Nacht in einem Hotel in Ghana, die ich im Sitzen verbracht habe, weil ich mich nicht auf das schmutzige Bett legen wollte. Ich telefoniere und bekomme ein schönes neues Zimmer oben in der einzigen Bar des Ortes. Es ist ein weiter Weg dorthin. Mein Gepäck hole ich später aus der Herberge nach. Sie hat sich inzwischen gefüllt mit Wanderern, die in Sanabria gestartet sind. Nette Kanadier, Linda mit ihrem Mann Brian und Heather aus England treffen ein. Sie haben sich einst auf dem französischen Camino kennen gelernt und verabreden sich seitdem gemeinsam zu Jakobswegen. Ihnen geht es wie mir mit den Matratzen. Lieber zwei Hotelzimmer! Ich telefoniere mit der Bar - doch sie haben nur noch ein freies Zimmer übrig. Bevor ich aufbreche zu meiner Habitación, gehe ich ein wenig zurück auf dem Weg und nutze die Gelegenheit, in das erfrischende Wasser des Gebirgsbachs zu springen. Immerhin habe ich seit heute nur eine Blase mehr an den Füßen. Und jetzt kann ich mir diese Abkühlung gönnen. Abends sitzen fast alle Pilger in dieser einzigen Bar bei einem gut gelaunten Dinner. Man trifft alte Weggefährten und lernt neue kennen.

Impressionen vom
romantischen Weg
nach Lubián

24.05.2012 Lubián - A Gudiña, 24,7 km, über den nächsten Pass A Canda 1260 m, über 30 Grad - meine Limits erreicht, noch 206,6 km bis Santiago

Nach einer erholsamen Nacht mit göttlichem Schlaf in dem schönen Zimmer geht es auf eine der schwierigsten Strecken dieses Camino. Ich stärke mich mit gleich zwei Cafe leches am Morgen. Wunderschönes Wanderwetter begleitet uns auch an diesem Tag. Unerwartet geht es erst einmal bergab, statt vom Bergdorf aus rüber an den Pass. Wer diesen Wegverlauf festgelegt hat, gehört wohl zur Fraktion "No pain - no gain". Denn der Weg führt zuerst ganz runter bis zu einem Gebirgsfluss - und dann natürlich wieder den Berg hinauf. Später dämmert mir, dass der historische Weg wohl an dieser besonderen Kirche La Tuiza vorbeiführen sollte, die im Tal steht. Nur was soll's - die Kirchen auf diesem Camino sind alle geschlossen. Darüber beschwerte sich gestern Brian, der Kanadier. Auf dem Camino Francés seien sie alle offen, meint er. Sie böten einen kühlen Ruheplatz, Innehalten und etwas Kultur. Für christliche Pilger sind geschlossene Kirchen sicher nicht sehr romantisch. Jedem Pilger - egal welcher Weltanschauung - können sie einen Ort der Ruhe und Sammlung bieten.

Der Aufstieg zum Pass ist schwieriger als der von gestern. Der Weg ist einmal wieder ein kleiner Bach, in dem sich das Wasser den Weg bahnt. Ein unglaubliches Gekraksel durch Schlamm, Steine und Wasser erwartet mich. Die Herausforderung ist, keine nassen Füße zu bekommen, weil das die Blasenbildung fördert. Immerhin hat meine Fußpflege der letzten Tage etwas gebracht und meine Blasen weitgehend neutralisiert. Als ich endlich oben bin, hat es mir schon gereicht. Nicht einmal in meinen besten Jahren bin ich mit elf Kilo Gepäck einen Berg hinaufgestiegen! Alle anderen ziehen unterwegs an mir vorbei. Oben angekommen stehe ich direkt an der Grenze zwischen Kastilien & León und Galicien. Mit dem Selbstauslöser mache ich einige Photos an dieser Grenze mit den kreativen galicischen Wegmarkierungen, die uns ab hier begleiten.

Seit gestern ist mir klar geworden, was ein Geheimnis des Camino sein könnte. Die körperlichen Strapazen beschäftigen unser bewusstes Gehirn dermaßen, dass dafür andere Denk-Prozesse losgelassen werden müssen. Das macht Raum und Speicherplatz frei für die unbewusste Intuition und für neues Fühlen. Irgendwann kommt das Loslassen von bisherigen Denk-Strukturen - das Leer werden.

Unterwegs habe ich nach dem Aufstieg irgendwie rumgetrödelt und mich zu viel mit Photographieren beschäftigt. Durch den langen Aufstieg habe ich das Gefühl, schon weit gekommen zu sein, und dass der Rest des Weges nur noch ein Klacks sein könnte. Dass man bei einem langsamen Aufstieg nicht viele Kilometer weit kommt, hatte ich nicht bedacht. In einem Dorf frage ich, wie weit es noch bis A Gudiña ist. „Fünfzehn Kilometer" ist die Antwort - oh, es ist schon 14 Uhr! Das ist eine schlechte Nachricht. Also lege ich einen Zahn zu.

Immerhin geht es jetzt bergab durch wunderschöne Landschaften. Am Weg stehen immer mal wieder schön gestaltete Brunnen für Pilger und kleine Rastplätze. Die Orte bemühen sich sehr, obwohl sie finanziell nichts davon haben, weil sie nicht einmal eine Bar anbieten. Tatsächlich müssen wir an diesem Tag einundzwanzig Kilometer laufen, bis die erste Bar kommt - alle anderen Bars wären ein Umweg von ein bis zwei Kilometern gewesen. Allen hat heute das Wasser nicht ausgereicht. Zum ersten Mal fülle ich mir das Wasser an den Wasserstellen am Wegesrand ab. Mit einem leichten Durchfall danach konnte ich leben.

Die Berg-Orte am Weg wirken meist wie ausgestorbene Westernstädte. Bellende Hunde begrüßen uns und kläffen auch wieder zum Abschied. Inzwischen habe ich den Eindruck, dass es in Spanien mehr Hunde als Menschen gibt. Kaum, dass man jemanden sieht, um nach einer Bar zu fragen. Für junge Leute gibt es hier keine Jobs und sie gehen in die Städte. Von einem Dorf höre ich, dass dort nur noch ein Ehepaar lebt. Viele schöne alte Steinhäuser in diesen Orten sind zerfallen.

Auf dem Weg glitzern die Quarze und der Gneis in der Sonne wie Sterne auf dem Weg. Es sieht aus wie ein Sternenweg. Dieses Bild kommt mir unterwegs. Erst später in Santiago hörte ich, dass man den Camino wirklich Sternenweg nennt. Überall liegen famose Quarzitsteine. Ich muss mich beherrschen, sie nicht für meinen Garten mitzunehmen. Eine Wagenladung hätte ich schon voll machen können!

Unterwegs komme ich an eine schöne Wasserstelle neben einem malerischen Fluss. Hier rasten einige Pilger. Der still fließende Fluss ist übersät mit weißen Blüten, die auf dem Wasser wachsen.

Nach einer längeren Rast öffnet sich auf der Piste eine völlig neue Landschaft: ein Felsenmeer. Kein Baum, nur Felsen und verbrannte Sträucher, dazwischen frische lila Blüten - bizarr.

Dumm nur, dass die Sonne erbarmungslos brennt. Es gibt keine Wasserstelle und keinen Schatten. Drei lange Kilometer muss ich dort hindurch. Zum ersten Mal weiß ich es zu schätzen, dass es Bäume gibt, die unterwegs Schatten spenden. Das war bisher selbstverständlich und ist mir nicht weiter aufgefallen. Erst als sie fehlen, erkenne ich ihren Wert. Diese Strecke schafft mich, zumal ich wegen ihrer Schönheit alle zwei Minuten ein Photo machen muss. Schatten und der nächste Ort kommen einfach nicht. Irgendwo lasse ich erschöpft meinen Rucksack fallen und raste. Brummelig vertilge ich meine letzten deutschen Powerriegel - der nächste Ort soll bleiben wo der Pfeffer wächst! Doch endlich taucht er auf. Völlig ermattet falle ich regelrecht in einer Bar ein. Ich verleibe mir ein kühles Blondes ein, welches mich erstaunlicherweise für den Rest des Weges stärkt. Die Leute in der Bar sind verständnisvoll und hilfsbereit.

Als ich gefühlt auf dem Zahnfleisch kriechend die abfallende Straße nach A Gudiña einschlage, kommen hinter mir neun Fahrradpilger angebraust. Begeistert und gestikulierend rufen sie "Buen Camino" als hätten wir im Lotto gewonnen. Ich brülle zurück - und ja, ich glaube, endlich das Ziel zu erreichen, ist wie ein Lottogewinn. Immerhin ist dies ein toller Empfang für eine einsame, erschöpfte Wanderin. Fahrradpilger müssen spätestens hier anfangen, wenn sie eine Compostela-Urkunde haben möchten. Sie benötigen dafür zweihundert Fahrrad-Kilometer bis Santiago. Das Soll für Fußpilger sind einhundert Kilometer, die nach strengen Regeln nur zu Fuß gegangen werden dürfen! Deswegen sieht man hier viel mehr Radpilger als bisher und die Herbergen werden voller.

Natürlich bin ich (wie so oft) die Letzte, die eintrudelt. Man hat sich schon Sorgen um mich gemacht. Einige Pilger in der Bar lassen mich wissen, dass die Herberge ziemlich voll ist. So nehme ich gleich ein sauberes Zimmer mit Bad in dem Hostal nebenan für fünfzehn Euro. Das tut gut nach diesem Tag.

Die Herberge schaue ich mir trotzdem an. Dort freue ich mich, Barbara wieder zu sehen, die trotz ihrer Hüftschmerzen von Sanabria bis hierher gelaufen ist. In A Gudiña ging es dann gar nicht mehr weiter. Sie hat schon einen Ruhetag eingelegt und ist zum Arzt gegangen. Ich ermutige sie, mit dem Taxi weiter zu fahren. Diesmal reagiert sie nicht mehr so abweisend wie in Sanabria. Ein gemeinsames Abendessen mit vielen Weggefährten rundet den Tag ab.

25.05.2012 A Gudiña - Laza, 35,4 km, tolles Wetter, noch ca. 171,2 km bis Santiago

In A Gudiña war ich ja ziemlich erschöpft angekommen. Als ich am Vorabend die Etappen studierte, war ich etwas ratlos, wie ich es anstellen sollte. Denn ich müsste eine Etappe von über fünfunddreißig Kilometern laufen. Das ist noch zu viel für mich. Nun gut - so ist der Camino, du nimmst alles Schritt für Schritt. Also erst mal schlafen.

Heute wache ich auf und der erste Gedanke ist: „Nimm ein Taxi bis Campoceberros für ca. zwanzig Kilometer und laufe dann die restlichen fünfzehn Kilometer bis Laza." Genau, denn nicht überall hat man die Gelegenheit, ein Taxi zu bekommen und A Gudiña ist eine größere Stadt.

Als Taxi- oder Buspilger ist man hier natürlich verschrien. Paco, der spanische Feuerwehrmann, findet das unmöglich. Solche Leute sind bei ihm unten durch. Es gibt ein ungeschriebenes Gesetz, dass nur wahre Fußpilger auch ein Anrecht auf einen Herbergsplatz haben. Denn sie kommen spät an und wenn die Herberge dann durch die Fahrpilger voll ist, sind sie zu Recht unerfreut. Ich erkläre Paco meine Philosophie, dass ich fair gegenüber dem Camino sein möchte - aber auch gegenüber meinem Körper. Ich gebe mein Bestes auf dem Camino und sorge gleichzeitig für meinen Körper. Und ich habe nur begrenzte Zeit. Ob er das wohl verstanden hat?

Während ich, mich in Geduld übend, auf das verspätete Taxi warte, taucht Barbara aus der "No pain - no gain"-Fraktion auf. Nach unserem gestrigen Gespräch hat sie ihre Prinzipien über Bord geworfen. Starke Schmerzen in Knie und Hüfte zwingen sie zu Ruhetagen und heute beschließt sie sogar, mit dem Bus nach Laza zu fahren. Ich lade sie ein, mit dem Taxi mitzukommen. Vorbei an den vielen Frühaufstehern, die sich auf die fünfunddreißig Kilometer Strecke gemacht haben, fahren wir durch wiederum herrliche Landschaften. In dem verschlafenen Ort Campobecerros steige ich aus und mache mich auf den Fuß-Weg nach Laza. Das Wandern am Morgen ist am schönsten. Es ist frisch, eine geheimnisvolle Stimmung und die Sonne erlauben schöne Photos. Bald erreiche ich ein altes Wegkreuz, welches für die aufgestellt wurde, die jemals auf dem Camino ihr Leben gelassen haben. Früher mussten die Pilger vor dem Camino ihr Testament machen, weil viele nicht zurückkehrten. Selbst für uns mit perfekten Outdoor-Ausrüstungen ist es eine Strapaze. Wie dramatisch muss es für mittelalterliche Pilger mit wenigen Ressourcen gewesen sein? Auch heute sterben jährlich noch vier bis fünf Menschen auf dem Camino.

Nach einem kurzen Anstieg geht es heute bergab - fast dreizehn Kilometer nur abwärts. Das geht auf die Knie - ich mache langsam. Unterwegs begegnet mir ein Franzose, der den Camino in umgekehrter Richtung läuft. Er kommt von Paris über Santiago und ist jetzt auf dem Weg nach Sevilla. Ein Spanier, der regelmäßig den Camino läuft, erzählt mir später, dass er letztes Jahr einen traf, der von Jerusalem über Rom bis nach Santiago lief.

Durch den Vorsprung der Taxifahrt gehe ich fast die ganze Strecke alleine. Es ist der zehnte Tag und ich habe nun gut abgeschaltet. Ich versuche, die Blumen am Wegesrand intuitiv wahrzunehmen, für welche Organe sie gut sind und sogar ihren Ton zu spüren. Schon vor einiger Zeit habe ich festgestellt, dass Pflanzen eine Art Klangfrequenz besitzen, die vermutlich auch mit ihrer Heilwirkung zu tun hat. Ich bin der Meinung, dass unsere Vorfahren vorwiegend intuitiv herausgefunden haben, welche Pflanzen wofür heilsam sind. Haben wir uns schon gefragt, was Pflanzen den ganzen Tag draußen machen? Während wir unseren Aufgaben nachhetzen, sammeln sie seelenruhig Sonnenenergie - Photon für Photon. Diese speichern sie und verwenden sie für chemische Synthesen. Wenn wir Pflanzen essen, nehmen wir diese Sonnenenergie auf, die wir dringend für unsere Gesundheit brauchen. Jede

Pflanze hat ihre eigene Intelligenz und Spezialisierung. Für ihre einzigartige Chemiefabrik filtert sie ein bestimmtes Spektrum aus dem Sonnenlicht und verarbeitet es. Unermesslich viele kleine pflanzliche Helfer von Mensch und Tier strecken sich täglich nach der Sonne.

Die hügelige Landschaft ist in sanftes Morgenlicht getaucht. Die Piste führt runter auf eine Höhe, in der die gleichen Pflanzen wachsen wie bei uns. An einem schönen Pilgerrastplatz sammle ich Spitzwegerich für meine Pausenbrote, denn es ist hier wirklich schwierig, etwas gesundes Frisches zu bekommen. Wenn ich nach Gemüse frage, will man mir Salat andrehen. Dann frage ich alle Gemüsearten durch, deren Namen ich kenne - Fehlanzeige! Wirklich frustrierend - selbst die Gemüsesuppen sind mit Fleischbrühe zubereitet. Die spanischen Gastronomen auf meinem Weg sind meist unflexibel und können sich Gemüsegerichte gar nicht vorstellen. Das ist ein fleischverliebtes Land, dem die Phantasie für Vegetarisches zu fehlen scheint. Geradezu paradox ist, dass viele Bio-Agrar-Produkte in Deutschland aus Spanien kommen. Hier gibt es keinen Markt dafür. Lebensmittel sind hier ausgesprochen günstig. So kostet in Galicien der Cappuccino alias Cafe leche nur 80-90 Cent und dazu gibt es sogar noch kleine Tapas. Wenn es dann etwas mehr kostet, weil Bio, wollen die Leute das Geld nicht ausgeben, erklärt mir Paco.

In Laza suche ich eine Panaderia (Bäckerei). Die ist schwer zu finden. Letztlich zeigt mir ein Halbblinder, der nur Urlaute heraus bringt, engagiert und erfolgreich den Weg. Das berührt mich. Da ich einen Laden erwarte, wundert es mich, dass der Weg in einen Hinterhof führt. Die nächste Überraschung ist, dass die Bäckerei auch gleichzeitig die Backstube mit allen Maschinen ist und das Brot in Körben herumsteht. Eine uralte Frau verkauft mir zwei kleine Baquettes für sage und schreibe 80 ct. Der Preis ist mir so peinlich, dass ich ihr einen Euro bezahle. Partout will die Frau nicht mehr als 80 ct. haben - sie hat mir ganz konsequent die 20 ct. trotz Gegenwehr zugesteckt. Vielleicht habe ich die galicische Ehre verletzt - die Leute hier finden Trinkgeld wohl komisch?

Die galicischen Herbergen sind wesentlich besser als die meisten in Kastilien & León. Galicien scheint wohlhabender zu sein. Hier bekommt man wenigstens eine Einmalbettwäsche, die Küchen sind gut ausgestattet - es gibt Männer- und Frauenduschen und mehrere Schlafräume. In Laza ist alles auf Sicherheit ausgerichtet - man bekommt sogar einen eigenen Schlüssel für den Schlafraum - schließlich wird die Herberge von der Ortspolizei verwaltet!

Laza hat eine ziemlich ungewöhnliche Karnevalstradition: Verkleidet in einzigartige Kostüme, die nach Till Eulenspiegel aussehen, bewerfen sich die Leute mit Schlamm und Ameisen. Die Ameisen wurden vorher mit Ameisensäure aggressiv gemacht. Für mich kommt das qualitativ direkt nach dem Stierkampf - irgendwie derb. Oder normal für ein Fleischesserland?

Das Esszimmer eines Barbesitzers wird kurzerhand zum Speiseraum für den Abend. Nach dem Frageritual, ob es denn vielleicht Gemüse geben könnte, einigen wir uns auf Reis ohne alles und Fisch. Barbara und ich essen bei Vino Tinto mit den Kanadiern. Abends ist auf dem Camino irgendwie Volksfeststimmung und wir haben viel Spaß zusammen - aber auch tiefsinnige Gespräche.

26.05.2012 Laza - Vilar de Barrio, 19,9 km, von 500 m auf ca. 1000 m und wieder runter, wolkig mit gelegentlichen Schauern, noch 151,3 km bis Santiago

Ohne Absprache formt sich ab hier unser kleines Viererteam mit Dorothee, Barbara, Winfried und mir. Alle drei sind schon seit Sevilla - etwa 1000 km vor Santiago - auf den Beinen. Gemeinsam brechen wir im Morgennebel auf. Es geht lange durch Felder und kleine Wälder, Dörfer und über Bundesstraßen.

Diese Gegend ist bekannt für ihre unter Denkmalschutz stehenden Mais-Trocknungs-Speicher "Horreos". Immer wieder begegnen uns neue Facetten davon. Sie stehen auf Pfeilern, damit die Mäuse nicht an die Früchte herankommen.

Wie ein Mantra, welches das Gehirn in Trance versetzt, nehme ich das gleichförmige Gehen wahr. Vielleicht ist es das, was viele so vermissen, wenn der Camino zu Ende ist - oder warum sie immer wieder kommen? Ist die linke Hirnhälfte erst mit eintönigen Impulsen beschäftigt, kann die rechte ihre Intuitionen ausspucken. Das Gehen ist eine solche Grunderfahrung des Menschen, eine beständige, liebevolle Kommunikation mit der Erde. Auf jeden Fall entsteht eine innige Verbindung mit der Natur, wie sie in den Appartements der Städte kaum möglich ist.

Nach etwa sechs Kilometern kommt ein Aufstieg über felsige Böden, der sich gewaschen hat. Zum Glück sind die Straßen diesmal keine Bäche - zumindest selten. Der Aufstieg eröffnet wunderschöne Ausblicke. Beim Genießen dieser grandiosen Kulisse treffe ich Dorothee. Gemeinsam gehen wir weiter und unterhalten uns über ihre Erfahrungen in dem Frauenhaus, in dem sie arbeitet. In der Ferne sehen wir Regenwolken aufziehen und in Laza scheint es schon zu regnen. Kaum denke ich, ich hätte die Höhe erreicht, geht es weiter nach oben. Das ist ein seltsames Phänomen bei diesem Aufstieg, der zwischendurch immer wieder flachere Pfade enthält. Ein Gipfel lässt sich einfach nicht blicken. Im Leben ist es oft ähnlich. Ein größeres Projekt ist häufig viel kraftzehrender und zeitaufwändiger als ich vorher gedacht habe. Gut, dass ich das nicht vorher wusste. Denn sonst hätte ich vielleicht manches Projekt nicht begonnen. Der Camino flüstert, dass es gut und weise ist, einfach anzunehmen, was immer es braucht, um ein motivierendes Ziel zu erreichen. Ich habe schon viele Projekte aufgegeben, weil sie mir zu mühsam erschienen sind. Sicherlich lohnt sich nicht jeder Einsatz von Energie. Doch die Erfahrung des disziplinierten „sich Durchbeißens" hat was. Sie formt den Charakter und die Kraft der Persönlichkeit.

Schließlich erwischen uns noch ein paar Tropfen der Regenwolken, die inzwischen über den Bergen hängen. Endlich oben werden wir mit der Peregrino-Bar von Luis in Alberguaría auf ca. 900 Metern belohnt. Bizarr - seit 2004 lässt er jeden Pilger seinen Namen auf eine Jakobsmuschel schreiben. Die ganze Bar, die Decken und ein Nebenraum sind voll von diesen Muscheln. Am Überdach vor der Bar hat er auch schon angefangen. Natürlich tragen wir unseren Teil zu diesem Muschelpalast bei. Er führt ein Gästebuch. Der letzte Pilger in 2011 ist am 6. Dezember durchgezogen - der erste schon wieder am 12. Januar 2012. Ist mir ein Rätsel, warum jemand diese Jahreszeiten wählt?

Barbara, deren Hüfte und Knie nicht mehr mitspielen wollen, lasse ich bei Luis etwas Energiearbeit zukommen. Danach geht es ihr besser und sie fühlt sich quietschvergnügt beim Abstieg. Bald nach Alberguaría geht es nämlich nur noch bergab - steil bergab. Das geht auf die Knie - es nimmt kein Ende. Ich gehe in meinen Trödelmodus und lasse die anderen ziehen. Doch dann endlich ist Vilar de Barrio erreicht. Die anderen haben schon geduscht, als ich ankomme und sitzen beim Kaffee.

Vilar de Barrio hat eine tolle moderne Herberge. Die freundliche Hospitalera holt zu meiner Freude einen internetfähigen Computer aus dem Schrank. Sie klinkt ihn in das Wifi-Netz der Bibliothek ein, die heute am Samstag geschlossen hat.

Dorothee und ich sind Vegetarier. Zwei weitere deutsche Frauen starten heute hier - eine davon ist ebenfalls Vegetarierin. Als Vegetarier bekommt man in Nordspanien allenfalls Omelettes mit Kartoffeln und Salat. Zum Frühstück Kekse und Kaffee. Keine Biosachen in den Läden. Spanien ist eben gewöhnungsbedürftig. In Galicien gibt es jedoch ein vegetarisches Regionalgericht: Pimientos de Padron - in Salz gebratene mittelgroße, mittelscharfe Paprikaschoten. Immerhin ist es das einzige Gemüse, welches sie hervorragend zubereiten - so verspeise ich auf diesem Weg gefühlte Unmengen davon.

In Vilar de Barrio jedoch, bei einer Señora nebenan, geben Dorothee und ich den Spaniern die letzte Chance, ihre Ehre zu retten und ein kreatives vegetarisches Gericht zuzubereiten. Die alte Dame schafft es: Das erste Gemüsegericht seit ich hier bin - Reis mit frischem Gemüse. Die beiden Finninnen haben diesen Geheimtipp ebenfalls herausbekommen. Heute zeigten sie uns auf einer Postkarte sogar, wo sie in Finnland wohnen. Sie waren schon auf dem Camino Francés und sind trotz fehlender Sprachkenntnisse sehr pfiffig, herauszufinden, was sie brauchen.

Morgen können wir nur eine kurze Strecke laufen, wenn wir nicht die fast achtunddreißig Kilometer bis in die Römer-Stadt Ourense laufen wollen. Das ist zu viel für die meisten - besonders für mich. Wir müssen uns nach den Herbergen richten. Also morgen nur ein Spaziergang - 13,9 km nach Xunqueira de Ambía?

27.05.2012 Vilar de Barrio - Xunqueira de Ambía, 13,9 km, Pfingstsonntag, noch 137,4 km bis Santiago

Heute verschlafe ich sogar. War dafür der Vino Tinto vom Vorabend verantwortlich? Das Geraschel und Herumkramen, welches in den Herbergen meist noch vor 6 Uhr einsetzt, habe ich gar nicht gehört. Neben mir sind die Betten schon verlassen.

Ich laufe die Strecke alleine und begegne nur einigen Nachzüglern aus der Herberge. Als langer, gerader Feldweg zieht sich der Camino dreieinhalb Kilometer lang. Auf einem Feld stolziert ein Storch, der ein oranges Plastikteil gefunden hat. Dann fliegt er auf den einzigen Baum auf dem Feld. Oh, dort ist ein Nest - ein malerischer Anblick!

Dann geht es durch Heidelandschaften und bizarre Eichenwälder. Wenn es sie gibt, würde man in ihnen Feen, Elfen und Gnome vermuten.

Relativ früh komme ich in der Herberge an. Es folgen die üblichen schon beschriebenen Wanderer-Rituale - dann lege ich mich hin. Im Halbschlaf höre ich eine lautstarke Unterhaltung. Offensichtlich spricht ein Spanier in einem sehr feinen Deutsch mit einem Deutschen. Der Deutsche antwortet ihm jedoch sehr laut in einem schrecklichen Englisch. Dazwischen mischt er Deutsch mit einem Dialekt, der mir vertraut ist - Eifel wie sich herausstellt. Das macht mich nachdenklich: Da spricht ein Fremder die eigene Sprache und es wird gar nicht bemerkt. Statt sich mit Leichtigkeit zu unterhalten, werden Bruchstücke einer Sprache verwendet, deren der Deutsche nicht mächtig ist. Das hält die Unterhaltung unwillkürlich auf einem niedrigen Niveau. Seltsam.

Welche Metapher ist das für Kommunikation unter Menschen, über Empathie und Empfänglichkeit? Offensichtlich war die Empfänglichkeit für die Worte des Spaniers reduziert, sonst wäre sein gepflegtes Deutsch sicher aufgefallen. Wie oft hört sich etwas wie eine Unterhaltung an, doch reden wir nur mit uns selbst, statt mit anderen? Beflügelnde Kommunikation ist in erster Linie ein Energieaustausch. Kommunikation braucht Empfänglichkeit, um zu einem Austausch von Energie und zu wirklichem Verstehen zu führen.

Als nächstes höre ich die Dusche und ein lautes Pfeifkonzert des Deutschen - während viele in ihren Betten liegen und schlafen möchten. Neben mir liegt ein Spanier, der mehrfach den Kopf schüttelt über diese ungebetene Pfeifdarbietung. Der Vogel verhält sich, als wäre er alleine in der Herberge. Die Neugier packt mich, wer das wohl sein kann. Später stellt sich heraus, dass es Alfred ist - ein alter Camino-Hase. Er ist sehr nett und hilfsbereit, kann alle zum Lachen bringen, ist aber auch fähig, einen ungefragt zuzutexten. Er ist schon seit Sevilla unterwegs und sehnt sich langsam nach seiner Frau. Vielleicht ist der Camino eine Möglichkeit, Ehen wieder in Schwung zu bringen?

Von ihm habe ich eine Geschichte, über die ich immer wieder lachen kann. In Laza denkt er, das er mal eine Pizza kaufen könnte, da die Küche in der Herberge ganz passabel ist. Er will einmal etwas anderes essen. Freudig betritt er die Küche mit der Pizza - doch es gibt weder einen Backofen noch eine Mikrowelle. Wie löst Alfred das Problem? Er klingelt an den Türen der umliegenden Häuser und hält den Frauen die Pizza vor die Nase. Weil er kaum Spanisch spricht, sagt er nur: "Peregrino - Pizza - caldo" (Pilger - Pizza - warm!) Die Frauen schauen ihn entgeistert an und lehnen alle ab. Wahrscheinlich befürchten sie, wenn ihr Mann sie mit Alfred beim Pizzabacken erwischt, dass er das missverstehen könnte. Alfred trottet traurig in die Herberge zurück und brät die Pizza in einer Pfanne. Er ist dann begeistert, dass dies immerhin gelingt.

Die anderen haben schon die einzige Bar am Ort gefunden, in der es etwas zu essen gibt. Es ist Sonntag und Feiertag - viele Leute und Kinder sind auf den Straßen. Wir gehen an einem Haus vorbei, in dessen Garten jemand stolz Granaten und Geschosse aus einem Krieg präsentiert - statt süßer Gartenzwerge. Worauf der Mensch nicht alles stolz sein kann! In Xunqueira ist sonst nicht viel los - also probieren wir nach dem Essen wenigstens die Bars aus und trinken ein paar Biere. Dorothee verträgt das nicht, wird ganz ernst und rennt schnell zurück in die Herberge, wo sie bis zum nächsten Morgen im Bett verschwindet. Als wir gegen Abend nach Hause ziehen, macht Winfried uns auf ein vermeintliches Alpenglühen am Berg aufmerksam. Man muss wissen, dass Winfried unser „Geist" ist - er taucht stets wie ein Geist aus dem Nichts auf und ebenso wieder ab. Denn er ist ein leidenschaftlicher Photograph und ständig auf der Suche nach Motiven für seine Linse. Es ist ihm so wichtig, dass er doch tatsächlich eine schwere Spiegelreflexkamera über den Camino schleppt. Er ist ein guter Fährtenführer in unserem Viererteam. Nur hat er die Fähigkeit, einen Weg äußerst umständlich zu beschreiben. Besser, er geht uns voraus - dann brauchen wir keine Beschreibungen!

Also das vermeintliche Alpenglühen existiert nicht. Dort sind nur Ginsterbüsche und kein Abendrot. So taufen wir es um in "Ginsterglühen" und stimmen das bekannte Lied an: "Beim Ginsterglühen, heimwärts wir ziehen, Bergvagabunden sind wir ..." Die beschauliche Gleichförmigkeit von Xunqueira wird von unserem peinlichen Gesang geradezu erschüttert.

Ein heftiger Schnarcher hat sich eingefunden - zum Glück liege ich in einem anderen Raum. Wie in so vielen Herbergen, sind die Räume jedoch oben nicht geschlossen und man hört, was im Nebenraum geschieht. Wer versteht, warum die Architekten der Herbergen die Räume so konstruiert haben? Sollen Pilger etwas leiden, damit sie sich so richtig als Pilger im alten Sinne fühlen ...??? Irgendwie habe ich Mitgefühl mit diesen Schnarchern. Sie werden gemieden und nicht geliebt. Dabei ist gerade dieser Schnarcher so ein netter Mensch - aber auch traurig.

Vor dem Schlafengehen trinke ich einen Aufguss aus frischen Holunderblüten und anderen Blüten, die ich unterwegs intuitiv entdeckt hatte und testen wollte. Bald, nachdem ich im Bett liege, höre ich natürlich das herzzerreißende Schnarchen. Doch ich habe Ohrstöpsel und fühle mich so heiter, dass ich erst einmal darüber kichern muss. Die anderen aus unserem Team liegen allesamt in seinem Raum. Wie es ihnen wohl gehen mag? Selig und schnell schlafe ich ein und habe eine erholsame Nacht. Als Letzte bin ich ins Bett und als Erste aufgestanden. Um sage und schreibe 5 Uhr putze ich meine Zähne.

28.05.2012   Xunqueira de Ambía - Ourense, 23,4 km, herrliches wolkenloses Wetter, noch 114 km bis Santiago

Für viele aus dem Nebenraum muss die Nacht ein wahres Drama gewesen sein. Der Schnarcher hat fast alle deutschen Frauen in die Küche auf den Boden verscheucht - am Morgen ist die Küche jedenfalls ein Schlaflager.

Aufgrund dieser unwirtlichen Ereignisse brechen wir heute Morgen vor 7 Uhr auf, als es noch dunkel ist. Die gelben Pfeile müssen wir mit der Taschenlampe suchen. Ein mystischer Nebel liegt über dem Tal. Das Zwitschern der Vögel bei Sonnenaufgang hat etwas Besonderes - für kurze Zeit. Du hörst nur die Vögel und deinen regelmäßigen Schritt. Wie ich schon beschrieben habe, ist das eine Art Trance und deswegen nenne ich uns jetzt "Schritt-Junkies". Aus der Ferne dringt ein melodisches Glockenspiel zu uns - dann der Uhrzeit-Glockenschlag. Ist schon lustig: Alle Kirchen haben Glocken - aber sie läuten nicht, sondern die Klänge kommen aus Lautsprechern.

Nach einem guten Cafe leche in der ersten offenen Bar vollzieht sich bei der Hamburgerin Dorothee eine sonderbare Metamorphose. Sie ist Kaffee nicht gewohnt. Wenn sie ihn trinkt, wird sie zum Speedy Gonzalez und zischt ab wie ein D-Zug. Kaffee scheint ihr zu vermitteln, dass das hier alles norddeutsches Flachland ist. Bald ist sie unseren Augen entschwunden und bis zur Herberge sehen wir sie nicht mehr. Auch ich kann inzwischen besser mithalten, ohne dass es mich übermäßig anstrengt. Da Barbara wegen ihrer Schmerzen nun wirklich langsam tun muss, laufen wir beide heute die ganze Strecke gemeinsam.

Nach zuerst schönen Heidelandschaften kommt der bisher unromantischste Teil dieses Camino. Wegen der Nähe zu Ourense mit immerhin 110.000 Einwohnern kommen uns ungewöhnlich viele Lastwagen entgegen. Dann geht es auf weiten Strecken über die Landstraße durch Vororte und die Beschaulichkeit der letzten Tage ist erst einmal dahin. Auch das ist der Camino: Kurz vor Ourense führt er lange durch ein Gewerbegebiet. Auf dem Photo ist ein gelber Pfeil an der Mauer zu sehen, der den Weg durch die gestreckte Industriemeile weist. Es mutet an wie ein Witz oder ein Hohn - da steht doch tatsächlich mitten auf einer Straßenkreuzung in diesem Gewerbegebiet ein Ruheplatz für Pilger. Natürlich sieht man keinen Pilger dort beschaulich pausieren. Vielleicht ist der nette Rastplatz für die Halbohnmächtigen gedacht, die von den Abgasen der Schornsteine oder der Hitze umfallen könnten?

Endlich in Ourense, lotst uns jemand zu allem Überfluss auf Umwegen in der Hitze bergauf bergab zur Herberge. Die befindet sich in einem verlassenen Franziskanerkloster mit zwei Schlafsälen - direkt dahinter der Friedhof! Am Eingang treffen wir Winfried, der uns unter vorgehaltener Hand zuflüsterte: „Der Schnarcher liegt links." Ich muss lachen: Unsere größten Probleme sind scheinbar die armen Schnarcher geworden und nun gibt es schon eine konspirative stille Post, um ihnen aus dem Weg zu gehen. Dorothee ist vor uns angekommen und hat inzwischen versucht, ihm beizubringen, dass er auf dem Bauch schlafen soll. Dann müsse er weniger schnarchen. Ich kann mir sein Gesicht bei diesen Ratschlägen fast vorstellen. Später lässt er uns wissen, dass er den Weg hier abbricht - angeblich wegen logistischer Probleme. Oder bricht er ab, weil niemand in seiner Nähe schlafen will? Dorothee ist das etwas unangenehm und sie hofft, dass sie nicht der Auslöser dafür war.

Im Cocktail der täglichen Erfahrungen und Begegnungen sind wir es letztlich selbst, die unsere Wahrnehmungen und Wirklichkeiten erschaffen. Andere können Gefühle in uns auslösen - doch nicht erschaffen. Auslösen kann man nur etwas, was schon vorhanden ist. Die Verantwortung, wie wir mit einer Situation umgehen, liegt immer bei uns. Wenn Situationen oder Menschen meist unabsichtlich unangenehme Gefühle in uns auslösen, zeigt das Verwundungen auf, die schon existieren. Diese wollen nur geheilt werden in uns - durch Annahme in unserer Herzenergie. Menschen haben oft die Strategie, diese Gefühle zu unterdrücken, zu überspielen oder durch Flucht zu vermeiden. Das führt nur zur Wiederholung ähnlich schmerzhafter Situationen. So war diese Situation geladen mit Heilungsmöglichkeiten für das Selbstwertgefühl des Schnarchers und für die Schuldgefühle von Dorothee.

Ourense ist eine Stadt mit Thermalquellen, die die Römer geschätzt und ausgebaut haben. Der Name kommt von "Oro" = Gold, weil im Fluss hier früher Gold gefunden wurde. Der Ort hat eine berühmte - aber völlig überdekorierte Kathedrale aus dem 12. Jhdt., die einen recht düsteren Eindruck macht. Die Altstadt hat immerhin sehr schöne Plätze. Wir essen mal wieder richtig etwas Gutes: Pulpo - Tintenfisch. Im Supermarkt könnte ich mich in die Obst-Regale werfen. Die Kirschen sind teilweise schon reif in dieser Region. Ich schlage zu. Alfred und andere möchten einen Tag länger bleiben, und Ourense besichtigen. Ich finde nichts an dem Ort und will nur wieder hinaus in die Natur. Eine Stadt erscheint mir wie ein Kulturschock nach den beschaulichen Tagen in der grünen Idylle und Weite.

Auf dem Photo der Blick in die Herberge von Ourense mit den typischen Doppelbetten. Die Herberge hat die bekannte offene Bauweise. Diesmal allerdings hören wir nicht nur den Nebensaal, sondern auch alles, was unten in der Küche geschieht. Egal - wer von der Wanderung erschöpft ist, schläft trotzdem! Winfried und Dorothee haben den Weg für morgen schon geplant. Ich muss gar nicht mehr wissen, wo es morgen hingeht.

29.05.2012 Ourense - Cea, ca. 24 km über einen Umweg des Camino Real, wolkenloser Himmel, noch 92,1 km nach Santiago

Wieder bin ich als Erste auf. Durch die langsam erwachende Stadt überqueren wir vor 7 Uhr die alte, für Peregrinos wieder hergerichtete Römerbrücke über den Fluss Mino. Vorher gibt es noch einen Cafe leche. Was ist bloß das Geheimnis des guten Cappuccinos, den die Spanier machen?

Zuerst einmal verlaufen wir uns in der Nähe des Bahnhofs. Von gelben Pfeilen nichts mehr zu sehen. Wir fragen uns durch und nach vielleicht eineinhalb Kilometern taucht auf einer Kachel im Bürgersteig ein erleichterndes Symbol auf - eine Jakobsmuschel.

Heute gibt es zwei Varianten des Camino Real mit Vor- und Nachteilen. Der eine ist der historische - der andere der leichtere. Unser Viererteam beschließt, die Vorteile von beiden zu kombinieren und die Nachteile (Landstraße und steile Pisten) zu minimieren. Wir planen eine dritte Strecke, die zwar einen Umweg von zwei Kilometern bedeutet - uns aber mit der Natur reich belohnt. Trotz unserer tollen Planung beginnt es mit einem reinen Aufstieg aus dem Tal von Ourense - gut, dass es noch früh und kühl ist.

Das Laufen auf der Landstraße in der Mittagszeit lässt die Füße brennen. Immer wieder ziehen wir unterwegs die Schuhe aus und lassen die

Füße durchlüften. Der Kuckucksruf, der uns auf dem ganzen Camino jeden Tag begleitet hat, tönt sogar bei Ourense.

Obwohl die 100-km-Pilger in Ourense beginnen, begegnet uns nur eine Männergruppe mit leichtem Gepäck. Ihr Hauptgepäck wird von einem Transporter von Herberge zu Herberge transportiert. Fast den ganzen Weg lang sind wir unter uns - wo sind nur all die Leute, die in der Herberge von Ourense übernachtet haben?

Nach einiger Pfadfinderei zur richtigen Querverbindung zwischen den zwei Caminos Real, werden wir durch duftende Wälder Galiciens belohnt - mit Pinien, Eichen und Eukalyptus. Seltsam - in einem solchen langgezogenen Waldstück hören wir automatisch auf zu quatschen und fühlen uns einfach nach innen gezogen. Schweigend und fast ehrfürchtig nehmen wir diesen Teil des Caminos.

Heute fallen mir in den Dörfern besonders die massiven Granitsteinhäuser auf, an denen wir schon lange auf diesem Camino vorüberziehen. Hier gibt es viele verlassene Häuser mit dieser guten Bausubstanz. Man konnte daraus wahre Juwelen machen – wären sie nicht so abgelegen. Es gibt hier wohl Granit ohne Ende - auch die Wegbefestigungen und Wegrandeinfassungen sind meist aus Granitblöcken gemacht. Dorothee und ich genießen bei einer Rast das Dorfstillleben auf einer Granitbank vor einem Haus. Sie erinnert mich, dass ich eine Schokolade dabei habe - oh, völlig vergessen! Die überlebt das Dorf nicht.

Später geht es durch schöne Heidelandschaften mit überdimensionalen Ginsterwäldern und befestigten Steinpfaden. Teilweise muss man fast unter den Büschen hindurch kriechen. Ein paar Photos hier sind nur ein homöopathischer Ausdruck des Erlebnisses. Noch völlig betört von dem Gelb, gelangt man an eine Felsengruppe, die ein seltsames Zeichen weit über die Gegend sendet: Ein schwarzes Hakenkreuz - daneben ein weiteres Nazisymbol - ausgerechnet entlehnt aus dem kabbalistisch-jüdischen Alphabet. Ein skurriler Anblick für jemanden, der aus Deutschland kommt! Es wird sich herausstellen, dass es in Cea selbst noch mehr solcher Symbole gibt - in Variationen und mit deutschen Worten. Seltsamerweise scheint es die Bevölkerung von Cea nicht zu stören, denn man kann keine Zeichen des Wegwischens erkennen. Was ist los in den Köpfen und Herzen der Menschen dort? Ein befremdliches Gefühl begleitet mich eine Weile nach dieser Begegnung.

Die Herberge von Cea ist ein toller Klassiker: Ein echtes altes Granitsteinhaus mit einem Horreo davor - diesem galicischen Getreidespeicher auf Steinpfosten. In dieser Herberge wollte ich unbedingt nächtigen -

ahnungslos, was auf uns warten würde Es ist ganz schön heiß. Auf der Terrasse des alten Hauses trocknen die Pilger ihre Wäsche und sonnen sich.

Der Hospitalero, der uns eincheckt, sieht ein wenig finster aus. Er redet nicht. Ich frage ihn, ob er Spanisch spricht. Oh ja. Dann sehe ich zwei Hörgeräte an seinen Ohren - ich verstehe. Später erklärt er mir noch etwas und zum Glück - er kann auch lächeln. Der einzige Schlafsaal hat ungefähr vierzig Betten. Die Herberge wird voll - die spanische Männergruppe ist auch eingetroffen. Nach dem Waschen, Duschen und einem kleinen Schläfchen schaue ich mir den Ort an auf der Suche nach einem Restaurant, in dem ein Vegetarier glücklich werden könnte. Der Ort ist recht groß - doch außer Bars und Bistros nichts Besonderes. Immerhin finde ich ein paar Früchte und letztlich essen wir in einer Bäckerei, die auch Fleischwaren anbietet. Immer mehr Pilger gesellen sich dazu - der Ort hat gastronomisch nicht viel zu bieten. Diese typischen Riesenschinken hängen an der Wand - ein wenig erbauliches Ambiente für einen Vegetarier!

Bevor die Bibliothek schließt, kann ich noch einige Zeilen im Internet absetzen. Auf dem Rückweg zur Herberge finde ich endlich eine Bar, die mein Lieblingseis hat. Ich trete ein und werde erst einmal von den Männerstammtischen gemustert. Der Wirt ist etwas älter. Zuerst versteht er mein Spanisch nicht. Dann findet er das gewünschte Eis in der Truhe nicht und holt mich nach hinten, um es herauszufischen. Schließlich findet er den Preis nicht - die ganze Bar ist inzwischen dabei, ihm bei diesem anspruchsvollen Verkauf behilflich zu sein.

Abends in Cea bin ich wieder die Letzte in der Herberge, die noch aktiv ist. Gegen 22 Uhr fällt plötzlich die spanische Männergruppe ein. Sie lärmen wie in einer Bar und setzen sich doch tatsächlich hin, um Karten zu spielen. Ich fasse es nicht. Offenbar ist das ihre erste Herberge und sie kennen die Gepflogenheiten nicht. Ich weiß, dass oben schon alle liegen und schlafen wollen. Leider ist auch in dieser Herberge alles offen und hörbar. Dann packt mich irgendetwas und ich bemühe mich, ihnen klar zu machen, was eine Herberge ist. Sie meinen, sie würden leise Karten spielen. Das klappt natürlich nicht. Noch einmal interveniere ich ganz konsequent und lasse sie wissen, dass sie zum Kartenspielen zurück in die Bar müssen.

Irgendwie habe ich ihnen wohl endgültig den Spaß verdorben. Sie brechen schlagartig auf - und zwar direkt in die Betten. Ich dachte, das dauert jetzt noch eine Stunde mit Duschen und Waschen - nein, offenbar habe ich sie so verschreckt, dass sie in voller Montur ins Bett springen und im Nu ist es mucksmäuschenstill. Nun bin ich die Letzte, die herumraschelt. Wie peinlich!

Die Nacht hat ihre eigenen Überraschungen: Ein Bewegungsmelder schaltet jedes Mal das halbe Licht im Saal an, wenn jemand nachts auf die Toilette geht. Wenn er von dort zurückkommt, geht das ganze Spiel von vorne los - bei vierzig Leuten. Unten tickt zu allem Überfluss eine laute Uhr. Welche Geisteshaltung war am Werk, als die Herberge von Cea ausgestattet wurde??? Ich wache wieder um 5:18 Uhr auf und wecke unser Team. Nichts wie weg hier!

30.05.2012 Cea - Castro Dozón über Oseira, 20,2 km, 25-30 Grad, noch 71,9 km nach Santiago

Zwei Wegmöglichkeiten bieten sich heute an. Der acht Kilometer längere Weg führt über das alte und riesige Zisterzienserkloster Oseira. Dort soll es eine Herberge geben - aber ohne Duschen. Deshalb sind wir gestern nicht dorthin gelaufen. Es stellt sich später heraus, dass die Herberge renoviert ist und es sogar warme Duschen gibt. Wir entscheiden uns für den Umweg über Oseira und eine Besichtigung, da wir auf der Via de la Plata und dem Camino Sanabrés nicht gerade mit kulturellen Einrichtungen verwöhnt werden.

Wieder geht es durch Heidelandschaften und Wälder. Morgendunst steigt auf und kleidet die Natur in eine mystische Stille. Immer wieder kommen wir an Steinhaufen vorbei, die die Wanderer hinterlassen haben. Stein für Stein wachsen diese Haufen durch Pilger, die jeweils einen Stein dazu legen. Am Morgen, wenn es kühl ist, bekommt man schnell viele Kilometer zusammen. So sind wir eine Stunde vor der ersten Führung da und frühstücken in der Bar. Selbst unsere zwei Finninnen kommen angetrabt, wo sie mir am Vorabend noch beteuert haben, dass sie den Umweg nicht gehen werden.

Das Kloster liegt in einem Tal und ist riesig. Es soll die erste Zisterziensersiedlung in Spanien sein, die von Bernhard von Clairvaux gegründet wurde (1137). Es hat eine wechselvolle Geschichte mit vielen Zerstörungen und wurde seit 1929 von Mönchen wieder aufgebaut.

Vor der Führung landet man in einem Kloster-Laden. Der kleine, quirlige und witzige Padre Filipo begrüßt uns und spricht sogar etwas englisch. Er schenkt jedem von uns eine kleine Holztafel mit einem selbst gemalten Christusbild - jedes ein Unikat. Später erfahren wir, dass er Professor und Maler ist. Früher sollen dort einhundertsechzig Mönche gelebt haben - heute sind es noch sechzehn. Leider kommt man nur mit einer Führung hinein. Dabei geht es zackzack - kein Raum zum Verweilen. Einmal werde ich sogar eingeschlossen, weil die Gruppe schon weiter ist. Aber vielleicht ist der fehlende öffentliche Zugang genau das, was die angenehme Atmosphäre des Ortes bewahrt hat? An einer Stelle fühlt es sich an, als wolle sie einen in tiefe Meditation ziehen. Ich könnte geradezu in ihr versinken.

Die Kirche gefällt mir am besten von allen, die ich bisher in Spanien gesehen habe. Sie ist einfach und ohne viel Schnörkel. Doch durch die Architektur und ihr Lichtspiel hat sie eine ganz natürliche Schönheit. Die Philosophie der Sieben taucht in der Zahl der Torbögen hinter dem Altar und anderswo auf. Die Philosophie des Lichts kommt durch die Gestaltung des Lichteinfalls zum Ausdruck. Die Philosophie der Menschlichkeit in schlimmen mittelalterlichen Zeiten mit Pest und sonstigen Unannehmlichkeiten wollte Bernhard von Clairvaux einbringen. So finden wir in der Mitte hinter dem Altar eine "Virgen de la leche". Es ist die seltene Darstellung von Maria, während sie dem Kind die Brust gibt - wohl eine Augenweide für die sehr streng lebenden Mönche.

Nach unserer Führung soll schon die nächste beginnen und komischerweise machen sie den Laden während den Führungen immer zu. Das Geschäftsbewusstsein in Spanien hat mich schon manches Mal erstaunt. Ich kaufe eine Mandelschokolade nach Rezepten des Hauses mit guten Zutaten. Oh, hätte ich gewusst, wie gut sie schmeckt, ich hätte eine ganze Ladung davon nach Deutschland schicken lassen. Es war die beste Schokolade, die ich seit Jahren gegessen habe. Allein deswegen würde sich der Weg dorthin noch einmal lohnen . . . !

Die anderen wollen weiter - ich lasse sie losziehen und verweile noch etwas unter einem Jasmin. Der Duft von Holunder und Jasmin überwiegt jetzt in der Luft. Einen kleinen Jasminzweig nehme ich häufig mit auf den Weg. Das Verweilen auf dem Weg ist mir wichtiger, als früh in den Herbergen zu sein. Vielleicht ergattere ich dann keinen Platz mehr auf der Wäscheleine - aber was soll's.

In den letzten Tagen kommt mir immer wieder ein Wort in den Sinn: Freiheit. Ich weiß nicht, was das bedeuten soll. Eigentlich bin ich ja frei, freier als viele andere. Doch wo bin ich unfrei? Wovon sollte ich mich befreien? Welche Verbiegungen, Gedankenmuster, Überzeugungen, Gewohnheiten sind es, die nicht mehr auf meinen Weg gehören? Da ist etwas - ich muss damit "schwanger" gehen. Ich kann es nicht genau greifen, obwohl es genau vor mir zu stehen scheint.

Anschließend folgt ein mörderisch steiler Aufstieg durch schwierige Wege. Das Kloster liegt eben in einem Tal. Ich trotte hinter den Finninnen her, die auch länger Rast gemacht haben. Im Vorbeigehen sehe ich in einem Augenwinkel einen gelben Pfeil nach scharf links.

Ich rufe die Finninnen zurück. Was sagen die Sterne dazu? Vielleicht: Man muss trotzdem seinen eigenen Weg finden und nicht einfach den anderen hinterherlaufen. Unterwegs habe ich das Gefühl, auf dem falschen Weg zu sein, weil ich die gelben Pfeile vermisse. Die eine Finnin entpuppt sich als Fährtenleserin - ok, wir sind richtig - so helfen sie mir diesmal weiter. Auch danach ist es ein Auf und Ab - teilweise wieder mal ein von Stein zu Stein Tänzeln durch unwirtliche Bachläufe. Der Gestank einer „Tierquälanstalt" wabert über das Tal. Die pfiffige kleine Finnin rümpft die Nase und meint auf Spanisch: „Schweine". Sie ist schon etwas älter und dazu korpulent. Ich bewundere, wie sie diese Wege bewältigt.

Erstaunt und erfreut bin ich darüber, dass die Wege sehr sauber sind. Ich weiß nicht, ob sie von den Spaniern bewusst sauber gehalten werden. Ich nehme eher an, dass die meisten Pilger mit Respekt vor der Natur ihrer Wege ziehen. Gewiss liegt hier und da etwas Abfall. Nur wenigen Pilgern scheint niemand beigebracht zu haben, dass sie bald keine Freude mehr an ihrer Wanderung haben würden, wenn alle ihren Unrat in der Natur abladen würden.

Das Außen wird zum Spiegel des Inneren. Denn wir handeln nach unseren dominierenden Gedankenmustern und Emotionen. Wenn ich die Natur mit meinem Unrat belaste, darf ich mich fragen, mit welchem Unrat ich meine körperliche Natur belaste. Welche Nahrung führe ich meinem Körper zu? Ist sie mit Sonnenenergie aufgeladen - wie frische pflanzliche Produkte - oder esse ich vorwiegend tote Nahrung, die meinen Körper belastet und verstopft? Welche Gedanken aktiviere ich in mir? Sind sie destruktiv oder konstruktiv? Atme ich tief in meinen Körper hinein oder nur oberflächlich am Rande des Sauerstoff-Minimums?

Die Natur ist ein solches Geschenk. Zu einem Pilger, der diese Schönheit genießen darf, gehört eine natürliche Achtung davor. Manchmal fühlt es sich sogar an, als würden die alten Bäume, die seit Jahrzehnten oder schon seit Jahrhunderten Pilger an sich vorbeiziehen sehen, ermutigend und wohlwollend nicken.

Unterwegs gabele ich Barbara, Winfried und Dorothee wieder auf, die sich zwischendurch gerne mal 'ne Stunde schlafen legt. Winfried und Barbara brechen vorher auf. Zusammen erreichen Dorothee und ich am Spätnachmittag nach kleinen Irrwegen die Herberge von Castro Dozón.

Dort ist schon der spanische 100-km-Männerclub eingetroffen. Obwohl ich ihnen gestern die Herbergssitten vermitteln musste, sind sie sehr nett zu mir. Wir scherzen heute darüber und ich schlage ihnen vor, hier Karten zu spielen. Doch irgendwie sind sie ruhiger geworden und keiner will Karten spielen - wahrscheinlich sind sie müde genug. Sie erzählen mir, dass sie alle aus einem Ort kommen, fast alle selbständig sind und sich gerade mal eine Woche frei machen konnten. Abends sind sie zeitig im Bett und es ist Ruhe, wow.

Internet gibt es hier nicht, kein gutes Brot und zu essen auch nicht viel. Jetzt reicht es mir. Ich habe ein paar Bio-Gemüsebrühwürfel aus Deutschland dabei und kaufe kleine Suppennudeln dazu. Unterwegs hatte ich im Wald kleine Fette-Henne-Blätter gesammelt und einige frische Holunderblüten. Zum ersten Mal habe ich Lust, in einer Herberge zu kochen. Die Küche ist dürftig ausgestattet - immerhin finde ich einen passablen Topf. Das einzig Frische in der Suppe ist die Fette Henne und dann kommen die Holunderblüten darüber. Schon war aus der Not meine "Galicische Holunderblütensuppe" geboren. Sie war fast das beste Essen, das ich in Spanien bekommen habe. Das werde ich wieder kochen!

Jeden Tag schmiere ich mir Weißbrote mit Käse und Tomaten für unterwegs. Etwas anderes finde ich nicht. Einige Heil-Kräuter von unterwegs streue ich darüber. Das Brot in Castro Dozón muss ich mir in einem Restaurant sogar schnorren. Ein Vegetarier weiß hier nie, wann er wieder etwas zu essen bekommt. Drei Wochen lang lebe ich tagsüber von diesen rustikalen Stullen. Trotzdem habe ich unterwegs nicht viel Hunger, da sich mein Körper auf die sonstigen Anstrengungen konzentriert. Manchmal esse ich nur, damit der Rucksack leichter wird. Ein Spanier sah mich einmal Brote schmieren und meinte, sie hätten immer etwas Olivenöl statt Butter dabei. Das würde viel besser schmecken. Guter Tipp!

Die Herberge in Castro Dozón hat weder eine Wanne zum Wäschewaschen noch einen Stopfen für den Abfluss. Wir müssen unter fließendem Wasser waschen. Wegen des dadurch höheren Wasserverbrauchs schlage ich dem sehr jungen Herbergsverwalter vor, einen Stopfen zu besorgen - das koste nicht viel. Er meint, das müsste die Hauptverwaltung in Santiago machen. Ich meine, das könne er ja beantragen. Da zuckt er nur die Achseln nach dem Motto: "Alles, was über meinen definierten Job hinaus geht, interessiert mich nicht." Diese Haltung habe ich leider zu oft in Spanien angetroffen. Das passt so gar nicht zu einem Land, welches Fußball-Weltmeister und später Europameister geworden ist. Man könnte sich fragen, ob die derzeitige spanische Wirtschaftskrise etwas mit dieser Haltung zu tun hat? Also gehe ich ins Dorf und besorge eine Wanne. Sie ist auch gut für ein erfrischendes Salzwasser-Fußbad, welches mir die erfahrenen spanischen Pilger empfehlen. Sie schnappen sich sogleich die Wanne für ihre Fußbäder. Dann probiere ich es selbst aus und runde meinen Tag damit ab. Ich gehe als Letzte ins Bett, mache das Licht aus und wache wieder um die mysteriösen 5:18 Uhr auf.

31.05.2012 Dorf Castro Dozón - Kleinstadt Silleda, 29,3 km, 12 km bis zur ersten offenen Bar, versprengte Wolken am Himmel, bis 34 Grad, noch 42,6 km bis Santiago

Das Schöne an einem Wanderweg ist, dass jeder Tag ganz anders und voller neuer Eindrücke ist. Jeden Tag ist man woanders. Wichtig für meinen Genuss ist jedoch, dass ich nirgendwo bleiben werde und will - besonders in den Herbergen . . .
Von der Strecke ab Ourense hatte ich vermutet, dass sie durch die 100-km-Pilger voll sein würde. Überraschend ist, dass es weniger sind als vorher. Sind wir abgehängt worden? Vor zwei Tagen traf ich den Spanier Juan vor Ourense. Er wollte in drei Tagen in Santiago sein - einhundertzehn Kilometer!
Mein Spanisch wird notgedrungen besser. Bisher traf ich nur sechs Spanier, die Englisch sprachen. Die Deutschen halten mein Kindergarten-Spanisch schon für Spanisch. Denn sobald man zwei spanische Worte spricht, rattern die Spanier los, als wären sie unter Ihresgleichen. Mein Gehirn vibriert im Versuch, wenigstens etwas zu verstehen. In Silleda sprechen sie einen schier unverständlichen Dialekt - ohne Rücksicht auf uns.
Gegen 7 Uhr machen wir uns als Erste im Frühnebel auf den Weg. Zunächst geht es entlang einer Straße durch feuchtes und hohes Gestrüpp. Dann endlich folgen schöne ausgebaute Wege durch die Natur.
Barbara wird immer langsamer. Ich schaue mich um und sehe, dass sie am Ende ist. Die Schmerzen sind zu groß geworden und sie ist den Tränen nahe. Ich nehme sie in den Arm und wir beschließen auf der Stelle, ein Taxi für sie zu rufen. Doch wo sind wir? Wie soll das Taxi hierher finden? Wie bestellt kommt Hans vorbei - ein Physiotherapeut aus Köln. Obwohl er eigentlich nicht arbeiten wollte und im Urlaub ist, siegt sein Mitgefühl und er behandelt Barbara. Das reicht, damit sie in den nächsten Ort laufen kann, um dort ein Taxi zu nehmen. Hans vermutet bei ihr eine Sehnenentzündung am Quadrizeps. Nach neunhundertfünfzig Kilometern kann das schon mal vorkommen! Gegen 11 Uhr sitzt sie im Taxi nach Silleda.
Spanische Physiotherapeuten könnten sich am Jakobsweg eine goldene Nase verdienen. Sie könnten abends in die Herbergen kommen und würden immer Pilger finden, die etwas brauchen. Es ist auffällig, dass

dies nicht der Fall ist. Dahinter vermute ich die Regierung, die zu große Auflagen macht. Schade für die Pilger!

Unterwegs laufe ich eine ganze Strecke alleine - das braucht jeder von uns zwischendurch, um seinen Gedanken und Gefühlen nachzuhängen. Diese alte Römerbrücke (Photo) über den Fluss Deza mit dem römischen Pflasterweg sind heute der kulturelle Höhepunkt des Weges.

Ein alter Mann in einem Dorf zieht seinen Hut und wünscht mir "Buen viaje". Es sind hauptsächlich ältere Menschen, die Anteil nehmen an den Pilgern. Ich habe beschlossen, alle, die mir "Buen camino" oder „Buen viaje" gewünscht haben, geistig mit nach Santiago zu nehmen. Denn ihnen bedeutet es etwas - was auch immer. Manchmal bitten sie sogar darum.

Dann sehe ich ein Huhn, welches zwischen einem Drahtzaun und einer davor hängenden Plastikstoffbahn geraten ist. Es versucht verzweifelt durch Hochfliegen diesem engen Gefängnis zu entkommen - keine Chance. Ich sehe unten an dem Tuch eine Öffnung und versuche, das Huhn mit meinen Walking-Stöcken dorthin zu dirigieren. Das ist zunächst schwierig - doch dann klappt es.

Was mir auf dem Camino auffällt, betrachte ich als resonant zu mir. Die Huhn-Frage ist: "Wo fühle ich mich so gefangen, dass ich meine, ich müsste unmenschliche Kräfte aufbringen, um dem zu entrinnen? Dabei bräuchte ich nur einen einfachen, fast trivialen Weg zu wählen?" Ich ahne es und frage mich, was der einfache Weg wohl ist. Ich halte es so, wie der Camino es auf mysteriöse Weise lehrt: "Zur rechten Zeit wirst du genau wissen, was zu tun ist - nicht vorher."

Seit Vilar de Barrio verfolgt uns der Güllegeruch. Kaum noch Blütenduft weht um die Nase - nur der Jasmin macht eine rühmliche Ausnahme. Scheinbar haben sich alle Bauern abgesprochen, gerade jetzt die Gülle auf die Felder zu bringen. Wir sind in einem durch die Landwirtschaft dominierten Teil Galiciens. Silleda ist eine Hochburg. Leider führt der Weg auch immer wieder an „Tierquälanstalten" oder „Schweine-KZ's" vorbei, wie einige Pilger sie deftig bezeichnen. Diese sind dem unbändigen Fleischbedarf der Spanier geschuldet. Ein eklig süßlicher Duft wabert dann durch die Gegend. Einmal stank ein ganzes Dorf danach. Das haben sie nun davon, die fleischsüchtigen Spanier! Das Gros der Viehzucht-Industrie scheint derzeit nicht in der Lage zu sein, respektvoll mit Tieren umzugehen. Sie verhalten sich wie Kinder, die für ein Spielzeug nicht reif sind. Tiere haben die gleiche DNS wie wir. Der Umgang mit ihnen spiegelt den Umgang mit uns selbst. In Galicien ging ich einmal an einer solchen Viehzuchtanlage vorbei. Das Tor öffnete sich für die Ausfahrt eines Lastwagens. Da standen sie nun, die traurigen Gestalten - in ihrem Dreck. Am liebsten wäre ich hineingegangen und hätte sie umarmt. Man muss schon seine Gefühle abschalten, um heutzutage in der Fleischindustrie arbeiten zu können. Immer mehr Dokumentationen zeigen den grausamen Umgang des Menschen mit Tieren, die für die Fleischproduktion gezüchtet werden. Bezeichnend ist, dass viele Fleischesser das nicht sehen möchten und lieber wegschauen, damit sie in Ruhe Fleisch verzehren können. Glauben sie wirklich, dass ein so missbräuchlich und mit dem Leid anderer Lebewesen erzeugtes Nahrungsmittel ihrem Körper in irgendeiner Weise gut tun kann? Das würde die Naturgesetze von Ursache und Wirkung aushebeln. Ich kann mir kaum vorstellen, dass die Naturgesetze hier eine Ausnahme machen.

Veränderung kann nur der Verbraucher bewirken. Wenn die Leser dieses Buches aufhörten, Fleisch zu essen und jeweils zwei weitere dazu inspirierten, wäre bald eine kritische Masse erreicht, die zum kollektiven Umdenken führen würde. Die hohe Nachfrage hat die unwürdige Massenproduktion ja erst hervorgerufen. Der Wandel wäre ein längerer Prozess und die Fleischindustrie hätte genügend Zeit, sich umzustellen.

Die meisten Menschen kommen gut ohne Fleisch aus. Ich selbst lebe seit über vierzig Jahren fleischlos. Im Alter von neunzehn Jahren habe ich langsam damit aufgehört. Es war kein Verzicht sondern ein Abgewöhnen. Fleischkonsum halte ich mehr für eine kollektive Gewohnheit als ein physisches Bedürfnis. Fleischlos bekommt mir gut, es verringert die körperliche Belastung. Alternativ habe ich viele pflanzliche Möglichkeiten entdeckt, mich vollwertig zu ernähren. Dabei stellte ich fest, dass der Geschmack am Fleisch hauptsächlich von Gewürzen herrührt. Schmackhafte Gemüse- und Getreidegerichte stehen dem in nichts nach.

Unterwegs komme ich an der sehr geräumigen Herberge von Lalín-

Bendoiro-Laxe vorbei. Bis auf die Finninnen und einen Mann aus der Fraktion „Sprich mich nicht an" ist sie völlig leer. Einen Moment bin ich versucht, wegen der Hitze dort zu bleiben. Doch nach einer erfrischenden Pause und einem Nickerchen im Garten der Herberge ziehe ich weiter. Eine Bar am Weg hat passables Vegetarisches zu bieten.

Dorothee treffe ich an der alten malerischen Römerbrücke wieder. Das letzte Drittel der Strecke waten wir durch die oft matschigen Feldwege nach Silleda. Wegen der Hitze machen wir heute Nachmittag häufig Pausen. Mittags wird man nicht nur von oben gebraten. Auch die Erde reflektiert Wärme von unten, die sie bis dahin gespeichert hat.

Von 06:40 Uhr bis ca.18:00 Uhr bin ich unterwegs. Dann habe ich meine bisher längste Camino-Strecke bewältigt - neunundzwanzig Kilometer. Ich bin ein wenig stolz, dass ich sie gut überstanden habe.

In Silleda winkt uns schon Barbara aus einer Bar zu. Sie war so vernünftig, endlich zu einer Physiotherapie zu gehen und fühlt sich viel besser. Ohne sie hätten wir die Herberge wohl kaum gefunden. Sie befindet sich im umgebauten Trakt einer Schule. Sie hat viele kleinere Zimmer und ist daher komfortabler als üblich - aber kein bisschen gemütlich. Die anderen Wanderer sind wohl in die neuen Hostals am Ort eingekehrt - wir sind fast alleine da. Eigentlich ist sie noch geschlossen und wird erst morgen für die Sommersaison geöffnet. Warmes Wasser gibt es noch nicht. Aber an diesem Tag ist eine kalte Dusche sogar willkommen! Es gibt erfreulicherweise eine Waschmaschine. Es ist so heiß, dass man der Wäsche beim Trocknen unter dem Dach zusehen kann.

Der Charakter der letzten Herbergen hat uns in aller Frühe zu einem fluchtartigen Aufbruch inspiriert - nur weg hier. Sie sind wohl deshalb so ungemütlich, damit keiner bleiben möchte. Man hat sowieso nur Anrecht auf eine Nacht dort - für fünf Euro in Galicien. Am Tag brauche ich übrigens ca. fünfundzwanzig Euro für Herbergen, Essen und sonstigen Bedarf.

Nach einem gemeinsamen Abendessen finde ich in einer Bar einen Internetzugang für den täglichen Bericht. Die Tastatur ist völlig ausgeleiert. Zwischen lautem Krach und dem ewig laufenden Fernseher versuche ich, meine Gedanken zu ordnen. Fernseher dienen in den Bars wohl als Anästhetikum (Betäubung) für Gefühle oder Stille. In A Gudiña wartete ich einst morgens an einer Bar auf die Öffnung für einen Kaffee. Ich traute meinen Augen nicht, als der Fernseher noch vor dem Anwerfen der Kaffeemaschine angeschaltet wurde.

Zwei Etappen sind es noch bis Santiago. Kaum zu glauben!

01.06.2012 Silleda - Ponte Ulla, 20,7 km, anfangs Gewitterfronten, dann wieder 34 Grad, noch 21,9 km nach Santiago

Heute Morgen ist es schwül - kein Wunder, dass ein Gewitter aufzieht. Wir suchen eine offene Bar - mit Kaffee startet es sich leichter. Barbara hat nach der gestrigen Behandlung doch eine Erstverschlimmerung. Wir bestellen ein Taxi für sie. Dafür macht sie eine Unterkunft in Ponte Ulla für uns klar - denn dort gibt es keine Herberge. Wir bekommen das letzte Zimmer bei Hilda, die deutsch spricht, alles frisch kocht und mir am Abend endlich die besten Gemüse-Spagettis macht, die mir in Spanien bisher angeboten wurden.

Zuerst sieht es aus, als würde sich bald der Himmel in Sturzbächen ergießen - von drei Seiten ziehen bedrohliche Wolken auf. Wir gehen schnell und wollen dem Wetter entrinnen. Ich ziehe schon mal meine Regensachen an, in denen es sich ganz schön schwitzt. Dorothee dagegen ist erfahrener. Sie hat in der Extremadura einige Unwetter erlebt und will ihre Regensachen erst anziehen, wenn es schüttet. Sie sollte Recht behalten - der Wind dreht irgendwie und das Wetter verschont uns bis auf wenige Regentropfen.

Kaum zu glauben, dass der Weg schon bald zu Ende ist. Die letzten zwei Tage will ich still genießen und auch etwas Bilanz ziehen. Nachdem wir uns in der zweiten Bar zum zweiten Kaffee und frisch gepresstem O-Saft getroffen haben, laufe ich alleine weiter in meinem Trödeltempo. Der Weg heute geht meist bergab - manchmal steil auf der Landstraße. Die Zehen stoßen vorne an. Wir müssen nach Ponte Ulla runter auf hundert Meter über NN. Dafür dürfen wir morgen wieder auf zweihundertsechzig Meter nach Santiago aufsteigen.

Ich sehe ein Straßenschild nach Santiago - fünfunddreißig Kilometer. Doch der Camino ist fünf Kilometer länger, da er durch gewundene Feld- und Waldwege führt. Trotz des geschäftigen urbanen Orbits von Santiago führt der Camino heute auch durch wunderschön duftende Eukalyptuswälder. Würden nicht die Papageien fehlen, könnte man meinen, man wäre in Australien.

Ich mache mehrere Pausen und habe inzwischen von Dorothee gelernt, meine Schuhe dabei auszuziehen und zu lüften. Heute habe ich es endlich geschafft, einen Weg zu finden, den Rucksack elegant und mit wenig Anstrengung aufzusetzen. Bisher sah das herzzerreißend aus!

Übrigens habe ich wegen des guten Wetters meinen Schlafsack, meine Regenjacke und Regenhose bisher umsonst durch Spanien und über alle Pässe geschleppt. Jede Nacht habe ich bestens in einem Jugendherbergsschlafsack verbracht.

Meine Füße sind noch ganz ansehnlich. Da habe ich schon Schlimmeres gesehen, besonders an Füßen, die aus Sevilla kamen. Zum täglichen Pilgerritual gehört natürlich die Fußpflege - morgens und abends. Am Abend werden die neuen Blasen gesucht und wie vorher beschrieben "genäht". Die Füße werden eingecremt mit einem Hornhautverhinderungsmittel. Morgens werden die Fäden gezogen und alle Stellen verpflastert, die sich zu einer Blase entwickeln könnten. Dann wird noch Hirschtalg aufgetragen. Ich finde es erstaunlich, was Füße hier leisten. Von den Spaniern habe ich in Castro Dozón gelernt, dass es gut ist, seine Füße am Abend in Salzwasser zu baden. Das päppelt müde Füße auf. Stimmt, tut sehr gut.

Auf dem Weg vor mir liegt plötzlich eine Blindschleiche. Sie stellt sich tot - ist aber quicklebendig. Eine Weile wehre ich mich gegen die Metapher. Dann frage ich mich doch, ob auch ich blind hier herumschleiche? Ich frage mich, ob ich überhaupt gelernt habe, zu sehen. Was sehe ich, wenn ich schaue? Würde man einhundert Leuten eine Landschaft zeigen und sie fragen, was sie sehen, würde jeder etwas anderes sagen. Jeder würde die äußeren Impulse mit seinen inneren Bildern vermischen. Aufschlussreich ist dieser bekannte psychologische Versuch: An einem Kiosk vertauscht man unmerklich die Verkäufer, während der Kunde Kleingeld in seiner Geldbörse sucht. Lediglich die Kleidung der Verkäufer ist ähnlich. Man tauscht sogar eine weibliche Verkäuferin in einen männlichen Verkäufer. Den wenigsten Käufern fällt der neue Verkäufer auf, da sie sich nur auf ihren Kauf konzentrieren. Wie viel geht meiner visuellen Wahrnehmung verloren durch einseitige Fokussierung? Wie viel davon könnte wichtig für mich sein? Ich kann es nicht wissen, weil es mich erst gar nicht erreicht. Kann ich unvoreingenommen sehen? Ich glaube nicht. Doch was, wenn ich mein gewohntes Sehfeld öffne, was sehe ich dann?

Heute genieße ich bewusst jeden Schritt und jede Landschaft, die sich mir öffnet. Das baldige Ende des Weges macht jede Minute noch wertvoller. Am Wegesrand finde ich wieder das großartige Heilmittel Cistus, welches mich von Anfang an begleitet hat und danach viele Etappen lang nicht mehr. Ich pflücke etwas für einen Immunabwehr steigernden Tee.

Interessant ist, wie relativ die Dinge beim Gehen sind. Stehe ich vor einem Berg, kommt er mir sehr hoch und beschwerlich vor. Nehme ich ihn Schritt für Schritt und konzentriere mich nur auf den nächsten Schritt, dann kommt er mir leicht überwindbar vor und ich wundere mich, wie schnell ich oben bin. Wenn ich ein Ziel erreichen will und mich darauf konzentriere (besonders in der Nachmittagshitze), dann zieht sich der Weg wie Kaugummi. Wenn ich jedoch einfach laufe und mich öffne, für die Landschaft, die kommt, ziehen die Kilometer nur so an mir vorüber. Deshalb sagt die Psychologie wohl auch, dass man ein Ziel anstreben und es sich vorstellen soll. Sobald man jedoch dorthin unterwegs ist, sollte man das Ziel ruhig loslassen und einfach seine Schritte darauf zu machen - paso por paso - Schritt für Schritt.

Beim Abstieg nach Ponte Ulla kommt man an einer riesigen Eisenbahnbrücke vorbei. Hinter ihr öffnet sich eine ältere Brücke. Architektonisch geschickt hat die neue größere Brücke eine ähnliche Form wie die alte. So hat selbst dieser Eingriff in das romantische Flusstal eine charmante Komponente. Schräg unter der Eisenbahnbrücke auf leichter Höhe steht die Kapelle von Gundián auf einem riesigen Rastplatz mit erfrisch-enden Wasserstellen. Ein Kontrastprogramm. Ich raste lange Rast im Schatten der Bäume, um meine vom Abstieg mitgenommenen Knie zu entlasten. Das Wasser löscht diesmal kaum meinen Durst. Vielleicht fehlen mir Elektrolyte?

Mein Ziel heute, ein Restaurant mit Pension, erreiche ich im Tal am Ende einer alten Brücke über den Fluss Ulla. Alle anderen sind schon da. Zwei Biere brauche ich als Durstlöscher. Duschen, Klamotten waschen - endlich schlafen. Der Körper braucht jetzt Ruhe und Regeneration. Unterwegs bin ich in einer Bar schon fast eingeschlafen.

Am Abend koche ich unter den kritischen Augen der Chefin des Hauses Cistustee. Sie wusste nicht, dass die Pflanze, die hier massenhaft wächst, so gesund ist. Sie ist die beste immunstimmulierende Pflanze, die ich kenne. Ihr hoher Gehalt an Polyphenolen wirkt antioxidativ und hemmt Viren. Sie wälzt zu dieser Pflanze ihr ahnungsloses Kräuterbuch und findet keine Hinweise. Ich suche Infos im Internet - das ist schon aufschlussreicher. Dann trinke ich "todesmutig" den Aufguss - nicht 100%ig wissend, ob ich Cistus gesammelt hatte. Sie sagt scherzhaft, ich solle es draußen trinken. Denn wenn ich in ihrem Lokal umfallen würde, bekäme sie Probleme.

Sie hat in ihrer Jugend in Deutschland gelebt und wir unterhalten uns über die Schwierigkeit, gutes vegetarisches Essen in Spanien anzubieten. Die Peregrinos sind wichtig für ihre Pension. Von November bis Februar ist in Ponte Ulla nicht viel los. Selbst die relativ wenigen Pilger dieser Route sind ein wichtiger Wirtschaftsfaktor in der Region.

Die Herbergen sind alle staatlich eingerichtet und durch Hospitaleros betreut - manche liebevoll, manche achtlos durch Leute, die dort nur ihren Job machen. Eine christlich-spirituelle Begleitung der Pilger durch die Kirchen findet auf der Via de la Plata und dem Mozarabischen Camino nicht statt.

In der Nacht gehe ich neben unserer Unterkunft in Ponte Ulla noch einmal auf die romantische alte Granitstein-Brücke über dem Fluss. Die Frösche quaken und bald ist Vollmond. Sehr stimmungsvoll. Es ist schwül - wir müssen das Fenster offen lassen. Unser Zimmer liegt direkt an der Straße. Bei diesem Autolärm kann ich heute nicht einschlafen. Meine letzte Etappe vor Santiago will ich schon ausgeruht nehmen. Ich habe noch etwas selbst hergestellte Baldrian-Essenz dabei, die ich bislang selbst in den schnarchreichsten Herbergen nicht gebraucht habe. Die Dosis hatte es wohl in sich - jedenfalls bin ich bald eingeschlafen.

02.06.2012 Ponte Ulla - Santiago, 21,9 km, bedeckt, neblig, Nieselregen, um 16 Uhr glücklich angekommen

Heute Morgen hole ich den Trödelpilger wieder heraus und mache gaaanz langsam. Ich gehe zuletzt los - alleine. Es ist mein letzter Wandertag. Irgendetwas in mir wünscht sich, er möge nie zu Ende gehen - vorausgesetzt es sind Bars auf dem Weg!

Es folgt der letzte größere Aufstieg des Camino durch einen schönen Wald. Bald schon mache ich Rast, um etwas Cistus zu ernten und zu frühstücken. Wer weiß, ob das in der Ebene noch wächst. Kaum habe ich mich gesetzt, sieht es nach Regen aus und ich habe den Impuls, die Regenklamotten überzuziehen und weiter zu laufen, um dem Regen zu entkommen. Der nächste Impuls aber ist: „Nein, ich mache hier das, was ich wollte - frühstücken und etwas Cistus ernten. Wenn es regnet, soll es regnen." Ich spüre, dass es absurd ist, vor einer Wirklichkeit auf der Flucht zu sein. Von einem Mangel getrieben loszurennen, würde mein gutes Gefühl zerstören. Ich erinnere mich: „Es ist alles getragen - egal, was geschieht." Und dann ziehen die Regenwolken um mich herum, und lassen mich bis auf einige Tropfen in Ruhe.

Vorbei an einem schönen Pilgerbrunnen gelange ich in Susana Vedra zu der wohl modernsten Herberge auf meinem Weg. Winfried ist gestern weiter gegangen und hat hier übernachtet. Ich schaue sie mir an. Es ist die beste, die mir auf dem ganzen Weg begegnet ist: Sehr neu, gepflegt, gut ausgestattet, schönes Umfeld, zwei völlig getrennte Schlafräume, einer für Männer - einer für Frauen. Damit wären die meisten Schnarcher schon mal woanders! Nur kann man in dem Ort nichts kaufen und Essen muss man selbst kochen.

Heute bin ich ohne Cafe leche los, da die Bars in Ponte Ulla noch nicht geöffnet hatten. Erst nach acht Kilometern erreiche ich eine Bar. Dafür muss ich etwas vom Camino abweichen. Sie macht aus der Ferne keinen guten Eindruck - doch ich habe mir nun mal in den Kopf gesetzt, dass ich jetzt eine Bar und eine Pause brauche. Hatte die Dame hinter dem Tresen schon einmal gelacht? Jedenfalls ist sie von einer dunklen Aurawolke umgeben. Die Tische draußen waren sicher tagelang nicht abgewischt worden. Ich versuche, meinen Tisch heimlich zu säubern. Sie bemerkt es leider und dann wird sie bei ihrer Ehre gepackt. Sie wischt alle Tische halbsauber ab. Zu allem Überfluss schmeckt der Kaffee nicht. Was sagen die Sterne von Compostela dazu? Mache keine Kompromisse. Wenn sich was nicht gut anfühlt, lass' es. Dann wartet etwas Besseres auf dich. Parallel zum eigentlichen Camino setze ich meinen Weg fort. Tatsächlich befinden sich bald danach an der Straße einige gut aussehende Bars.

Der Weg führt lange durch herrliche Eukalyptuswälder. Ich genieße jeden Schritt. Doch ich spüre auch, dass die pausenlose Beanspruchung meinen Knochen jetzt erst mal reicht. Die Fersen fühlen sich überlastet an. Ein alter Fußbruch meldet sich durch leichte Schmerzen. In den ersten vier Tagen meiner Wanderung hatte ich nachts heftige Beinschmerzen durch den Muskelkater. Die Beine haben vibriert, als wollten sie wegfliegen. Nach einigen Tagen war das überstanden. Santiago kommt jetzt gerade richtig - ich hätte ohnehin einen Ruhetag gebraucht.

Man hört viele Geschichten von Leuten, die abbrechen oder längere Pausen machen mussten. Jemand lief mit luftiger Kleidung durch die Sonne der Extremadura und musste wegen hochgradigem Sonnenbrand abbrechen. Auch ich war am Anfang unvorsichtig und habe mir in Rekordzeit an Nacken und Armen schmerzhaft rote Haut geholt. Seitdem laufe ich nur mit langer Hose und langärmeligem T-Shirt. Andere bekommen eine Tendynitis (Sehnenentzündung) am Bein. Ein Spanier, den ich in Ponte Ulla wieder sehe, hatte die Entzündung an beiden Schienbeinen. Er war einen Tag nach mir vom gleichen Ort gestartet. Ich vermute, das geschieht besonders dann, wenn Sehnen, Bänder, Muskeln und Gelenke aufgrund früherer Belastungen nicht gut synchronisiert sind. Daher bin ich vorher mehrmals zur osteopathischen Behandlung gegangen. Das hat sich unterwegs bewährt. Ein Stressbruch schließlich bedeutet das Ende der Reise. Er entsteht durch Knochenermüdung bei hohen Belastungen und wird oft nicht gleich erkannt.

Immer wieder tröpfelt es heute. Die Vororte von Santiago sind in einen nieselnden Nebel eingetaucht. Man könnte meinen, die Nebel von Avalon hätten sich hierher verirrt. Santiago ist einer der regenreichsten Orte in Spanien. So nehme ich es gelassen.

Hier in Galicien gibt es sehr schöne Steine als Wegmarkierungen mit bis auf drei Stellen hinter dem Komma genauen Kilometerangaben nach Santiago. Leider haben irre Pilger oder Vandalen diese Metallplatten aus den Steinen gebrochen und vermutlich als Souvenir mitgenommen. Intakte Kilometerangaben habe ich nur vereinzelt gesehen. Einen letzten sehe ich vor Santiago bei km 5,775.

Wie aus heiterem Himmel tauchen auf einer alten Pflasterstraße plötzlich im Dunst die Türme der Kathedrale von Santiago vor mir auf. Wow, habe ich es wirklich geschafft? Bald verlieren sich die gelben

Pfeile. Zu müde komme ich nicht auf die Idee, in der Beschreibung des Caminoführers nachzulesen, denn da steht, dass der Weg nicht markiert ist. In der Stadt sehe ich keine Türme mehr und gehe in eine ungefähre Richtung. Kein Hinweisschild auf die Kathedrale. Ich fasse es nicht, dass ein Ort, der von Pilgern lebt, es nicht mal nötig hat, den Weg bis zur Kathedrale zu kennzeichnen. So habe ich mich dann in Santiago noch kräftig verlaufen - wie vorher auf dem ganzen Weg nicht. Nach vielem Durchfragen und etlichem Zickzack laufen stehe ich beim Glockenschlag 16 Uhr endlich neben der Kathedrale, direkt an der Straße, in der wir eine Unterkunft gebucht hatten. Nun reicht es mir. Ich gehe direkt zum Hostal und würdige die Kathedrale kaum eines Blickes. Bin doch etwas beleidigt, dass mir Santiago die geliebten gelben Pfeile vorenthalten hat!

So trudele ich wieder mal als Letzte ein. Dorothee hat heute ebenfalls getrödelt. Sie war zwar vor mir losgerannt, damit sie nicht in die Mittagssonne käme. Doch die Sonne lässt sich heute erst am Abend in Santiago blicken. Dorothee kam nur eine Stunde vor mir an.

Barbara war eine Strecke mit dem Taxi gefahren und ist trotz Tendynitis die letzten fünf Kilometer bis Santiago gelaufen und wohlbehalten angekommen. Ist ja auch ein echtes Pilger-Drama, wenn man in Sevilla startet und dann mit dem Taxi nach Santiago fahren muss!

Wir tauschen unsere letzten Weggeschichten aus und gratulieren uns gegenseitig. Nach dem Duschen und Schlafen hole ich die Compostela-Urkunde ab. Lauter glückliche Gesichter stehen da in der Warteschlage.

Sie alle haben es geschafft, entspannen sich und sind irgendwie stolz auf sich. Schön zu sehen. Es wird viel deutsch gesprochen. Das Pilgerbüro ist die erste Anlaufstelle für Pilger. Dort können sie sich etwas erfrischen und es gibt eine günstige Gepäckaufbewahrung. Das „erleichtert" ihnen den ersten Stadtbummel oder den Weg zur Kathedrale.

Einen noch immer beleidigten Blick werfe ich dann doch in die Kathedrale. Rechts von der Südpforte öffnet sich ein wunderschöner Platz. Er ist links von der Ostseite der Kathedrale mit der „Heiligen Pforte" und rechts von der Mauer einer riesigen Klosteranlage begrenzt. Unten an der Mauer entlang befindet sich eine riesige Steinbank. Sie lädt ein, sich zu sonnen, zu träumen, das Treiben zu beobachten oder Gedichte zu schreiben. Die „Heilige Pforte" war früher der Eintritt der Pilger in die Kathedrale. Beim Durchschreiten wurden ihnen angeblich alle Verfehlungen erlassen. Heute wird sie nur in den „Heiligen Jakobusjahren" geöffnet, wenn der Festtag des Apostels am 25. Juli auf einen Sonntag fällt. Im Norden befindet sich eine Treppe über die ganze Breite des Platzes, die zum Nordtor führt. Trotz Weitwinkel lässt sich der ganze Platz nicht auf ein Photo bannen. Manche bezeichnen ihn als den schönsten der alten europäischen Städte. Er vermittelt trotz seiner Größe Geborgenheit und das Gefühl, dass man hier einfach in Gelassenheit sein kann.

Am Abend gehen wir hervorragend italienisch essen - ein Genuss nach den spanischen Küchen. Danach suche ich einen Internetzugang und finde ihn in einer Spielhölle. Sehr zufrieden gehe ich heute zu Bett.

03.06.2012 Santiago de Compostela - schönes Sommerwetter

Santiago kann man nur richtig genießen, wenn man hierher gelaufen ist. Das empfinde ich, während ich heute einen wunderschönen Tag hier verbringe. Immer wieder kommen Pilger an, und man erkennt sie an ihrem über sich selbst erstaunten Mona-Lisa-Lächeln. Das Altstadtbild ist von rucksacktragenden Menschen und vielen Cafes geprägt. Man sieht schon so einige durch Santiago humpelnde Beine - mit lächelnden Gesichtern. Hier ist was los - angenehm. Diese Leute haben alle eine lebendige Geschichte hinter sich. Hier findet mehr statt, als touristisches Begucken alter Steine.

Wer zwei funktionierende Füße hat, dem würde ich immer das Laufen empfehlen. Als Rad-Pilger geht alles viel zu schnell - man rast vorbei an vielen Naturschönheiten. Einige romantische Wege sind absolut unbefahrbar. Sie müssen oft die Landstraße nehmen. Doch gerade das Gehen bringt Entschleunigung.

Die Altstadt von Santiago ist richtig kuschelig. Hier gibt es all die Bars und Restaurants im Überfluss, die wir auf dem Camino verzweifelt gesucht haben. Immer wieder trifft man Bekannte oder Bekannte von Bekannten. Die verschwindend kleine Gruppe der Via de la Plata Pilger hält zusammen. Wir sind hier die Exoten, während die Stadt überschwemmt ist mit Camino Francés- und Bus-Pilgern.

Mit acht Jahren habe ich einmal einen halben Tag lang vierblättrige Kleeblätter gesucht. Alles was das Gehirn vor dem zehnten Lebensjahr trainiert, bleibt erhalten. So kann ich unterwegs auf dem Camino kaum glauben, dass ich wohl jedes vierblättrige Kleeblatt am Wegesrand bemerkt habe. Ich sah sie im Augenwinkel und im Vorbeigehen. Wenn ich mal nicht hinsah, schwenkte mein Kopf einfach dorthin. Geradezu unheimlich! Diese Fähigkeit nützt mir nicht viel - aber es zeigt, wozu das Gehirn in der Lage ist.

Nun bin ich auf ein neues Symbol konditioniert: Den gelben Pfeil. Er hat uns wirklich großartig durch alle Wälder und Weggabelungen geführt und ist ein treuer Begleiter geworden. Unsere Augen haben den Weg stets nach ihm abgescannt. Irgendwann haben wir selbst die verwittertsten Pfeile gesehen und geahnt, in welche Richtung sie wohl zeigen könnten. Wenn ich verwirrt war, ob ich noch auf dem Weg war, kam entweder ein Radpilger vorbei oder es gab Fußspuren. Im schlimmsten Fall half ein deutscher Caminoführer, den alle bei sich hatten. Die Beschreibungen waren manchmal verwirrend - doch auch hilfreich. Zu den Tagesritualen gehörte es, die Strecke des kommenden Tages vorher im Camino-Führer durchzulesen. Das Wissen über markante Wegpunkte half, sich auf dem richtigen Weg zu fühlen. Interessant ist auch, dass wir unruhig wurden, wenn wir eine Weile keinen Pfeil oder sonstige Wegmarkierung finden konnten. Es war ein ständiges Spiel von Gehen und Orientieren. Gleichermaßen braucht man diese Qualitäten bei jedem Projekt im Leben.

Gestern Nacht haben wir drei Damen unseres Teams ein Hotel-Zimmer geteilt, da wegen des Wochenendes viele Unterkünfte belegt waren. Draußen auf der Straße der Altstadt war die ganze Nacht ein Höllenlärm. Aber nach den Herbergs-Erfahrungen könnten wir sicher auch auf einem Schlachtfeld noch schlafen . . . Heute Nachmittag ziehe ich dann in mein vorher gebuchtes Hotel. Es wurde mir von Paco empfohlen, weil es einen romantischen, urwaldähnlich bewachsenen Innenhof mit Gastronomie hat.

Die berühmte Pilgermesse täglich um 12 Uhr ist natürlich ein Muss für alle Pilger - ob christlich oder nicht. Sie ist auch eine Würdigung der christlichen Wurzeln der Jakobswege. Dort sucht und findet man anschließend versprengte Mitwanderer, tauscht sich aus und verabschiedet sich. Jeden Tag suche ich Theo, den ich gerne noch einmal getroffen hätte. Später treffe ich Jack und höre, dass Theo in Ourense bleiben musste, um seine Knieprobleme auszukurieren. Auch die beiden Koreanerinnen würde ich gerne noch einmal umarmen - doch sie sind wie vom Erdboden verschwunden.

Heute ist um 10 Uhr eine Messe mit einem deutschen Chor angesagt. Wir sind das frühe Aufstehen gewohnt und gehen dorthin, um den Chor zu hören. Natürlich hoffen alle, dass am Schluss das große Weihrauchfass geschwenkt wird. Das ist nicht selbstverständlich - es kostet angeblich über zweihundert Euro und muss bestellt werden. Wir haben Glück. Wohl zur Feier des Tages wird es in Bewegung gesetzt. Mit atemberaubender Geschwindigkeit wird es durch die romanischen Torbögen im Querschiff geschwenkt - kaum möglich, ein vernünftiges Photo zu machen. Dieses Ritual datiert etwa 700 Jahre zurück. Da die ankommenden Pilger früher - trotz der Reinigungsrituale vor der Kathedrale - gemuffelt haben, war er zur Reinigung der Luft gedacht. Er ist 1,60 m hoch. Bei seinem Gewicht gehen die Angaben auseinander - zwischen 56 - 80 kg soll er wiegen. Er wird mit etwa 40 kg Kohle und Weihrauch befüllt und erreicht eine Geschwindigkeit von bis zu 80 km/h über eine bogenförmige Weglänge von 65 Metern. Dass dies bei den überall stehenden Menschenmassen ohne Zwischenfälle möglich ist, beeindruckt.

Kleine Anekdote am Rande: Vor der Kommunion gab es eine Ansage in Spanisch, dass nur katholische Pilger zur Kommunion gehen dürfen. Darüber haben sich wohl so viele Pilger und auch Kirchenvertreter aufgeregt, dass es später in der Pilgermesse keine solche Ansage mehr gab. Die Pilgermesse um 12 Uhr ist etwas lebendiger. Die Pilger aus den verschiedenen Nationen werden begrüßt. Eine inzwischen weltbekannte Nonne hat vorher einige Refrains mit den Besuchern einstudiert. Sie ist unglaublich freundlich - selbst nach den schrägsten und dünnsten Gesängen lobt sie das Publikum mit "Muy bien". In der Messe singt sie zwischendurch und ihr Sopran-Gesang fühlt sich herzenswarm an. Das Schauspiel mit dem Weihrauchfass, dem Botafumeiro, dürfen wir noch einmal erleben. Eine Attraktion - unzählige Arme mit Kameras in der Hand stürmen nach vorne. Die Security bekommt Schweißausbrüche.

Auf den Nachmittagshalbschlaf vor meinem Umzug ins andere Hotel will ich nicht verzichten. Der Körper braucht das Ruhen noch. Als ich da liege, höre ich unten auf der Straße einen lauten Schlag und dann ein Kind weinen. Bald darauf scheint das Kind wieder ganz normal am Leben teilzunehmen - denn es redet lauthals. Da wird mir spontan klar, dass uns das Leben von Anfang an beibringt, dass wir hinfallen werden, und dass das nicht schlimm ist. Es bringt uns bei, dass wir einfach wieder aufstehen können, und dass das zum Leben gehört. Später als Erwachsene neigen wir dazu, aus so etwas ein Drama zu machen. Seltsam!

Diese Erkenntnis kann ich gleich heute Abend anwenden: Um 21 Uhr ist ein Konzert des deutschen Chores aus Landsberg in der Kathedrale angekündigt. Wir beschließen, uns das anzuhören. Als ich in der Kathedrale bin, bemerke ich, dass ich lieber vorher zur Toilette gehen sollte. Ich lasse die Security beim Rausgehen wissen, dass ich wiederkommen würde. Sie meint, dann käme ich nicht mehr rein. Ich insistiere: "Ich muss aber mal zur Toilette." Dann packt mich der einsichtige Wachmann am Arm, verlässt seinen Posten und schleift mich durch die Sakristei in einen verlassenen Kreuzgang. Ganz hinten ist eine Toilette.

Ganz glücklich ob dieser überraschenden Lösung nutze ich sie in guter Stimmung. Schließlich hatte ich ein paar Vino Tinto intus, die mir vielleicht in den nächsten Minuten zum Verhängnis werden sollten. Denn als ich die Toilette verlassen will, geht die Tür nicht mehr auf. Ich drehe an dem Schloss - die Tür bewegt sich nicht. Ich drehe gefühlvoll auf alle möglichen Arten und Weisen und in alle möglichen Richtungen, als wollte ich einen Safe knacken. Die Tür bleibt verschlossen. Das Konzert hat inzwischen begonnen, alle sind weit weg und ich hänge ausgerechnet in einer Toilette fest. Ich rufe um Hilfe - niemand hört mich. Ich klettere auf die Toilettenschüssel, um oben über die Mauer diesem Verlies zu entkommen. Das ist zu hoch. Wie war noch mal der Lernprozess am Anfang des Camino? "Nimm Dramen nicht so ernst - dann lösen sie sich in Luft auf."

Ich spiele Alternativen in meinem Kopf durch. Der Panik fällt die harte Tour ein: Türe eintreten wie die wilden Italiener in El Cubo de la Tierra del Vino? Kathedralen-Vandalismus? Nein, das kommt nicht infrage. Die Tür bleibt verschlossen. Dramatische Szenen spielen sich in meinem Gehirn ab. Am Ende müsste ich die ganze Nacht in dieser verlassenen Toilette der Kathedrale verbringen? Ich beginne, wieder und wieder zu rufen: "Neccessito ayuda!" (Ich brauche Hilfe!) Keiner hört mein verzweifeltes Rufen. Ich probiere es lauter - nichts. Das geht minutenlang so weiter. „Nur ruhig", denke ich „das muss eine Illusion sein. Ich kann nicht glauben, die nächsten Stunden in dieser Toilette verbringen zu müssen." Trotzdem schaue ich mich in der geräumigen Toilette schon einmal um, in welcher Ecke ich auf Klopapier übernachten könnte. Endlich, nach bangen Minuten, scheint der heilige Geist dieser Kathedrale ein Einsehen mit mir zu haben. Ich habe plötzlich die Idee, dass die Tür vielleicht zu schieben geht. Tatsächlich - es ist eine Schiebetür und sie lässt sich ganz leicht zur Seite schieben. Sie war die ganze Zeit offen. Und ich wollte sie in die falsche Richtung öffnen. Wie peinlich, wenn mich wirklich jemand gehört hätte!

Wenn das keine großartige Metapher ist! Sind unsere Türen, unsere Zugänge vielleicht immer offen? Brauchen wir den Nebel der Unbewusstheit nur zur Seite zu schieben? Ist ein Kampf gar nicht erforderlich? Zu dieser Toilettengeschichte fällt mir ein Merksatz ein: „Wenn keiner meine Hilferufe hört, habe ich die Angelegenheit vermutlich selbst in der Hand!"

Immerhin bin ich ganz alleine in diesem Teil der Kathedrale, der für die Öffentlichkeit unzugänglich ist. Ich kann ihn mir ansehen und einige Photos davon machen. Das Konzert dauert viel zu lange: zwei Stunden. Die Musik von Monteverdi ist sehr anspruchsvoll - nicht immer mein Geschmack - doch eine hervorragende Chor-Leistung.

Danach finde ich die halbe Clique von der Via de la Plata unter einem Gerüst beim Italiener draußen sitzen - als ob es kein engeres Plätzchen geben könnte. Rundherum sind schöne Bars mit genügend Platz und Stühlen. Ich quetsche mich dazu und meine brühwarme Toilettennummer erntet schallendes Gelächter.

04.06.2012 Santiago - herrliches Sommerwetter

Es ist Montag. Die festliche Atmosphäre von gestern hat sich in einen Wochentag verwandelt. Alles ist ruhiger - doch in den engen Gassen der Altstadt auch geschäftiger, wenn sich die morgendlichen Transportautos hindurch quetschen. Für heute morgen hat sich unser kleines Team ein letztes Mal verabredet, bevor wir alle unserer Wege gehen. Wir treffen uns zu einem Abschiedsfrühstück in der einzigen nahe gelegenen Bar, die um 9 Uhr schon auf hat.

Durch die Autos ist es ungemütlich - aber wie auf dem Camino nehmen wir es gelassen. Die Bar liegt direkt gegenüber dem Pilgerbüro, in dem die Pilger ihre Compostela abholen. Wir müssen einige gerade eingetroffene Pilger davor bewahren, von den Autos mitgerissen zu werden. Völlig erschöpft oder verklärt - wohl noch mit dem beschützten Feeling des Camino, palavern sie ahnungslos mit ihrem Rucksack in der engen Gasse herum. Sie scheinen die Gefahr gar nicht zu bemerken. Es passt einfach kein Transportauto mit Pilger und Rucksack gleichzeitig durch die Straßen. Die Schlaufen an den Rucksäcken können an den Autos hängenbleiben und die Leute mitreißen. Wundersamer Weise passiert nichts - der Camino-Schutzengel scheint noch bei ihnen zu sein.

Wir ziehen etwas Bilanz und würdigen unsere gemeinsame Zeit auf dem Camino. Das Gefühl des Getragen-Seins hatte jeder von uns. Bei einigen von uns sind immer noch Fragen unbeantwortet, mit denen wir auf den Weg gegangen sind. Dorothee macht mir das Kompliment, ich sei eine geborene Pilgerin, weil ich mich schnell auf die Umstände und Haltungen der Pilgerrealität eingestellt hätte. Anfangs hätte ich angespannter gewirkt. Wen wundert das?

Wir essen die hiesige Spezialität - einen Mandelkuchen de Santiago, den ich heute Morgen in einer Konditorei besorgt hatte. Dann noch ein paar gemeinsame Photos, die ein Münchener für uns macht. Er erzählt, dass er einen Tag vor seiner Abreise einen solchen Hexenschuss bekam, dass er sich nicht einmal seine Schuhe zubinden konnte.

Danach verlassen uns Winfried und Dorothee zum Busbahnhof. Dorothee will mit dem Bus nach Sevilla und die gelaufene Strecke noch einmal abfahren. Sie hat sich acht Monate Auszeit genommen und ruht sich anschließend im Haus eines andalusischen Freundes aus.

Anschließend habe ich einen ruhigen Tag. Ich schreibe Postkarten und erkunde Nebenräume der Kathedrale. Auf dem nächsten Photo ist das Nordtor zu sehen. Das ist der erste Anblick, den Pilger des Camino

Francés zu sehen bekommen, denn dieser Camion mündet hier in den Kathedralenbereich. Auf dem Platz vor dem Nordtor wurden früher die oft zerlumpten, geschwächten Gestalten von Mönchen und Helfern empfangen, mit neuen Kleidern versorgt und medizinisch betreut.

Die einzigen wirklichen Probleme der heutigen Pilger sind Blasen, Muskelkater, Knochenermüdungen, fehlende oder verwitterte Pfeile, das Wetter und Wege, die durch Flussläufe versperrt sind wie auf diesem Photo auf dem Weg nach Requejo.

Es ist jetzt die Phase des Abschiednehmens und ich bin froh, dass ich Zeit dafür habe. Ich finde sogar einen Bioladen. Abends bekommen wir in meinem Paradiesgartenhotel das bisher beste Essen in Spanien. Morgen habe ich noch einen ganzen Tag und ich freue mich darauf.

05.06.2012 Santiago, Regen, am Abend wieder Sonne

Nach drei Ruhetagen in Santiago kommt es mir vor wie ein Traum, dass ich in den achtzehn Tagen davor jeden Tag durch die Natur gelaufen bin. Ist das überhaupt wahr gewesen? Durch die Einteilung in Etappen hat sich der Weg in mir noch nicht zu einem Gesamtbild geordnet.
  Wir gehen shoppen. Es gibt hier viele schöne Dinge zu kaufen. Doch die Fluggepäck-Bestimmungen zwingen zur Zügelung. Nach einem Kaffee verabschiede ich weitere Mitwanderer zum Flughafen - auch Barbara aus unserem Vierer-Team. Sie ist Katholikin und hat sich längst von einigen offiziellen Denkweisen verabschiedet. Dennoch habe ich sie als ein Mitglied der Fraktion: "No pain - no gain" kennengelernt. Ich hätte sie unterwegs "verführt", davon Abstand zu nehmen und mit dem Taxi zu fahren. Der Wertebruch hatte sie ganz schön mitgenommen. Bald war sie jedoch sehr dankbar dafür und genoss ihr Loslassen.
  Die karmische Schuld- und Bußidee, die auf diesem Camino immer noch in einigen Formen herumschleicht, ist in meiner Wahrnehmung kein Produkt der Religion, sondern im kollektiven Unbewussten tief verankert. Religion mit fest definierten Glaubenssystemen ist eher ein Produkt dieser Idee. In der therapeutischen Arbeit zeigt sich das zerstörerische Schuld-Prinzip auf versteckte Weise bei vielen Menschen. Es steckt hinter vielen Krankheiten und scheinbar nie enden wollenden Krankengeschichten. In unserer Zeit ist es Zeit, sie endlich durch die uneingeschränkte Verantwortungs-Übernahme und emotionale Heilung abzulösen. Die Klarheit und Energie, die wir dafür brauchen, finden wir in einem bewussten, verstehenden Umgang mit unserem emotionalen und mentalen System. Wir finden sie in der gefühlten inneren Verbindung zu unseren Wurzeln, zu unserer höchsten Natur. Dazu braucht es die Intelligenz des Herzens, seine Heilung und Öffnung. Jeder Computer würde sich um die Fähigkeiten des Herzens reißen. Wir besitzen dieses Instrument und spielen viel zu selten darauf. Aus der Perspektive der Quantenphysik erkennen wir die Welt immer mehr als ein multidimensionales Hologramm. Wie passen da noch feste, lineare Glaubensvorstellungen? Die Erkenntnis und Verbindung zu seiner höchsten Natur kann sich in meinen Augen jeder Mensch nur individuell erarbeiten nach dem Motto: „Wer sucht, der findet." Das ist für mich Spiritualität.
  In Santiago gibt es lustige T-Shirts, die das alte Denken thematisieren "Sin dolor - no hay gloria!" (Ohne Schmerz keine Ehre.) Ich habe Barbara zum Abschied so ein T-Shirt als Kühlschrankmagnet geschenkt.

Sie hat sich über den Gag gefreut und es mit Humor genommen. Beim Abschied bezeichnet sie mich neckend als Antichrist wegen meiner freizügigen Einstellungen. Ich kontere augenzwinkernd, dass ich sogar katholischer sei als alle anderen, da ich als Vegetarier nie Fleisch esse und Katholiken nur freitags.

Der kürzeste Weg zum anderen Teil der Altstadt führt durch die Kathedrale. Dabei bemerken wir, dass der Botafumeiro in der Kathedrale hängt - ein Hinweis, dass er heute geschwungen wird. Vielleicht komme ich ja heute zu einem besseren Video von ihm. Vor der Pilgermesse treffe ich einen jungen deutschen Mann, der den Camino schon mehrfach gelaufen ist. Seinen ersten Camino hat er gemacht, um ein Burnout zu überwinden - erfolgreich.

Die Pilgermesse heute ist so voll, dass alle Treppen und Gänge besetzt sind. Die Zahl der angekommenen Pilger aus den verschiedenen Nationen wird verlesen. Man könnte es auch als meine erste echte Pilgermesse ansehen, denn es muffelt trotz des hohen Gebäudes wirklich sehr. Umso schöner, dass der Botafumeiro in Bewegung gesetzt wird. Die Priester beschwichtigen und erklären, das Ritual mit dem Botafumeiro bedeute, dass er symbolisch die Gebete zum Himmel trägt. Doch der Run der Photografen ist nicht zu stoppen. Es ist eben eine Attraktion. Diesmal kann ich das Feuer in dem Topf blitzen sehen. Die Leute, die es zum ersten Mal erleben, ziehen die Köpfe ein. Einige bringen Laute des Entsetzens hervor, weil es so aussieht, als würde er als nächstes auf ihren Häuptern landen. Es ist schier unglaublich, dass der Topf sicher bis direkt unter die Decke dieser sehr hohen romanischen Kathedrale geschwungen wird. Nach der Pilgermesse gibt es ein großes Treffen und Wiedersehen auf dem riesigen Platz vor der Kathedrale. Wieder treffe ich versprengte Mitwanderer.

Nachdem ich einige Dinge erledigt habe, widme ich mich der weiteren Erkundung der Besonderheiten der Kathedrale und der Umgebung. Barbara hat mir ein Buch darüber geschenkt. Was vielleicht kaum jemand bemerkt: Es gibt am Südportal jeweils eine Darstellung von Gott mit Adam und eine von Gott mit Eva (Photo). Bemerkenswert ist, dass beide auf Augenhöhe mit Gott sind und er jeweils seine Hand auf ihre Herzen legt. Es ist eine klare Botschaft des Bildhauers zur Ebenbürtigkeit der Natur des Menschen mit seiner Quelle. Es bedeutet, dass der Mensch mit souveränen kreativen Kräften und der Verantwortung eines Mitschöpfers ausgestattet ist. Die Botschaft ist auch, dass die direkte Verbindung zur Quelle über die Herzenergie erfolgt. Umso verwunderlicher ist, dass das menschliche Selbstverständnis trotz dieses Wissens über die Jahrtausende eine ganz andere Entwicklung genommen hat - die der Minderwertigkeit.

Santiago ist die Hauptstadt des Bundeslandes Galicien und eine bedeutete Universitätsstadt mit etwa 30.000 Studenten. An einem mit vielen Figuren geschmückten Portal zu einem Universitätsgebäude, welches vom großen Vorplatz der Kathedrale aus erreichbar ist, finde ich in Stein gemeißelte allesamt lächelnde Gestalten - Könige, Ritter, Mönche, Heilige, Engel. Das ist bemerkenswert, denn normalerweise haben die Figuren an Kathedralen und historischen Gebäuden ernste oder bedeutungsschwangere Gesichter. Selbst Jakobus, der unzählige Male an der Kathedrale auftaucht, scheint gütig zu lächeln. Dabei ist seine vermeintliche Geschichte gar nicht so lustig. Als einer der Jünger Jesu soll er nach Spanien gereist sein, um dort zu predigen. Irgendwann sei er mutlos geworden, weil die Spanier seine Botschaft nicht so freudig aufnahmen. Er reiste zurück und wurde in Judäa vermutlich im Jahre 43 von Herodes Agrippa I. enthauptet. Seine engsten Gefährten, Athanasius und Theodorus, die meist mit ihm zusammen dargestellt werden, sollen später seinen Leichnam mit dem Schiff an seine Wirkungsstätte in Spanien transportiert haben. Erst im Jahre 811 soll sein Grab wieder entdeckt worden sein. Santiago ist der spanische Name für Jakobus - aus „sant" = heilig und „jago" entspricht Jakob. In Spanien heißt der Jakobsweg „Camino de Santiago".

Im Internet suche ich nach geomantischen Infos über die Kathedrale. Die Informationen sind dürftig. Wie viele alte Kathedralen in Europa ist die Kathedrale von Santiago auf einem keltischen Kultort errichtet worden. Die Kelten hatten bekanntlich ein hoch entwickeltes Bewusstsein für die Energie von Orten und lebten in starker Verbindung mit der Natur. Außerdem gab es dort zuvor einen Friedhof. Deshalb meinen einige, "Compostela" würde Friedhof heißen. In ganz Galicien ist der keltische Einfluss heute noch spürbar in der Sprache und in der Kunst. Integriert in den Dom ist eine hochgelegene Kapelle, die der älteste Teil des Gebäudes aus dem 9. Jhdt. ist. Ein kontemplativer Rundgang des Abschieds schließt meinen Nachmittag ab.

Wie in der Kathedrale gibt es in einer nahegelegenen alten Klosterkirche pompöse, mit Gold überladene Altäre. Dies hat sicher einmal seinen Sinn gehabt - doch sie überfordern mich. Sie bringen mich nicht nach innen, sondern projizieren etwas Inneres extrem nach außen. Sollte damit etwas kompensiert werden? Ich denke an die Schamanen dieser Welt, die ebenfalls mit der geistigen Ebene in Verbindung stehen. Doch bauen sie keine prunkvollen Altäre oder Tempel. Ihre Tempel sind in der Natur und in ihnen selbst. Nach diesem Camino kann ich mir ohnehin keinen genialeren Tempelbaumeister als die Natur vorstellen.

Einige aus meinem Umfeld haben nicht geglaubt, dass ich den Weg schaffen würde. Doch unterwegs habe ich immer daran geglaubt - alles andere entzog sich meiner Vorstellungskraft. Was wir glauben, von uns selbst und unserer Welt, ist eine der größten schöpferischen Kräfte in uns. Das Unterbewusstsein richtet sich mehr danach aus als nach jedem anderen Gedanken. Die Herausforderung ist, eindeutig an das zu glauben, was wir sein oder erreichen wollen. Eindeutig bedeutet, keine Zweifel hineinzustreuen und die Glaubenskraft als bildhauerische, schöpferische Tätigkeit zu begreifen.

Es ist Zeit, etwas Bilanz zu ziehen: Meine Strecke war ca. 410 Kilometer lang - davon bin ich in 18 Tagesetappen 360 Kilometer gelaufen - den Rest mit Bus und Taxi, besonders in den ersten Tagen. Etwa 2100 Höhenmeter an größeren Aufstiegen mit Gepäck liegen hinter mir - neben dem sonstigen dauernden Auf und Ab. Ich hatte vier Blasen an den Füßen - sonst ist noch alles an mir dran.

Ich hatte eine wundervolle Auszeit mit großartigen Naturerlebnissen. Achthundertsiebzig Mal habe ich auf den Auslöser meiner Kamera gedrückt. Jeder Tag war einzigartig, hatte seinen eigenen Charme und seine Fülle. Hinzu kamen die Camino-Erlebnisse aus den Erzählungen der anderen. Ich hatte die unterschiedlichsten Begegnungen mit Menschen aus vielen Nationen. Ich habe die Leistungsfähigkeit meines Körpers und seine Grenzen spüren können. Neben der äußeren Reise gab es auch eine erfüllende innere Reise, die persönlich ist und bleibt. Für all das bin ich sehr dankbar.

Ob sich durch den Camino etwas für mich verändert hat? Das kann ich erst sagen, wenn ich wieder in meiner alten Umgebung bin. Ob ich noch einmal einen Camino gehen würde? Das kann ich erst sagen, wenn sich meine Knochen ausgeruht haben.

Die interessierte Anteilnahme meiner „virtuellen Wegbegleiter", wie ich sie gerne genannt habe, hat mich ein Stück getragen. Es war spannend für mich, das alles aufzuschreiben.

Danken möchte ich allen, denen ich auf diesem Weg begegnet bin, für den Austausch und die Begleitung. Besondere Wertschätzung geht an unser Viererteam mit Winfried, Barbara und Dorothee. Auch wenn die Spanier in meinen Beobachtungen nicht immer begeistert haben - hier leisten Sie Großes. Sie sind es, die die Jakobswege pflegen und kennzeichnen. Vor den unermüdlichen ehrenamtlichen Betreuern der Jakobswege, die die Wege gangbar halten und uns mit ihren gelben Pfeilen den Weg weisen, habe ich großen Respekt. Ohne euch wären wir nicht weit gekommen - vielen Dank! Mein Dank geht an alle, die während meiner Abwesenheit für Ordnung in meinem Zuhause gesorgt haben und mir dadurch erst die Möglichkeit gaben, so lange weg zu sein. Besonderen Dank an meine Imkerfreunde, die sich um meine Bienen gekümmert haben. Ihr alle seid Teil meines Weges und dieses Buches.

06.06.2012 Santiago - letzter Tag mit Abreise

An einem der vier Türme der Kathedrale von Santiago - am Torre del Reloj - gibt es eine Uhr, die nur Stunden anzeigt. Sie ist gedacht als Symbol für die Entschleunigung des Pilgerns. Warum soll man die Zeit in Sekunden und Minuten zerreißen, wenn man das "Dasein" spüren will?

Im Zentrum des Platzes vor der Kathedrale laufen sternförmig mehrere Strahlen im Pflaster zusammen. Sie symbolisieren die verschiedenen Jakobswege aus allen Richtungen. In der Mitte sind Platten eingelassen, die von den offiziellen Anerkennungen der Caminos berichten: Im Jahr 1987 hatte bereits der Europarat die Wege der Jakobspilger in ganz Europa zu europäischen Kulturrouten erhoben und ihre Identifizierung gewünscht. Der spanische Hauptweg wurde im Jahr 1993 in das UNESCO-Welterbe aufgenommen. Urkundlich belegt ist der Jakobsweg erstmals im Jahr 1047 in einem Dokument des Hospitals von Arconada, Provinz Palencia.

Hier in Santiago spürt man, dass nach einer neuen Philosophie des modernen Pilgerns gesucht wird. Sowohl die staatlichen Einrichtungen wie auch die kirchlichen Institutionen suchen ein neues Verständnis. Im Mittelalter war das Pilgern eine reine Bußangelegenheit und entsprechend dramatisch. So ganz hat sich das noch nicht aus dem Bewusstsein gelöst. In den letzten 30 Jahren erfuhr das Pilgern auf den europäischen Jakobswegen eine grandiose Renaissance. Nach einer Statistik des Domkapitels der Kathedrale von Santiago de Compostela wurde im Jahr 1978 ein Minimum von 13 Pilgern gezählt. Im Jahr 2011 waren es schon 183.366, die in Santiago ankamen. 2011 war ein ganz normales Jahr - kein sogenanntes „Heiliges Jahr" wie 2010, in dem noch mehr Pilger unterwegs waren. Es fühlt sich an, wie eine Übergangszeit zu einer Definition des Pilgerns, die Menschen aller Couleur integriert. Jeder, der heute diese Wege geht, ist ein Teil dieser Neudefinition durch seine eigene Motivation und Inspiration.

Heute Nacht findet eine seltene Venuskonjunktion mit der Sonne statt. Sie läuft wie ein schwarzer Punkt über die Sonnenscheibe. Leider ist sie nur am frühen Morgen zu sehen, dort wo die Sonne vor 6 Uhr aufgeht. Hier in Spanien geht die Sonne dafür zu spät auf. Doch vielleicht kann man das Ereignis fühlen? Schließlich gelangen ihre Frequenzen mit den Sonnenstrahlen auf die Erde.

Als Rucksack-Flugreisende war ich sehr unerfahren. Beim Hinflug musste ich unterschreiben, dass die Gesellschaft nicht haftet, wenn am Rucksack ein Transportschaden entsteht. Beim Rückflug bin ich schon schlauer und habe den Rucksack einschweißen lassen. Ganz Pfiffige haben einen leichten Sack aus reißfesten Plastikfasern dabei und versenken den Rucksack darin wie in einem Kartoffelsack.

Der neue Flughafen von Santiago hat die Ausstrahlung einer seelenlosen Fabrik. Er wirkt betont nüchtern und vermeidet jede Wärme. Was sich die Spanier wohl dabei gedacht haben, einem Ort, der von Pilger-Romantik und Pilger-Touristik lebt, diesen eiskalten Stempel aufzudrücken?

Diesmal fahre ich nicht gerne nach Hause. Wo wird das morgendliche Aufbrechen sein? Das hinter mir lassen? Das sich neu öffnen? Die Begegnungen mit der Natur, die Einfachheit des Unterwegs-Seins mit nur zehn Kilo Gepäck - statt mit einem Haus voll Zeug? Ich werde es in den Routinen des Alltags finden müssen. In der Neugier - die ich sogar in Routinen entwickeln kann.

Por fin - das ist der letzte Bericht. Der historische Pilgergruß war: „Dios y Sant Jago Aya nos!" (Mögen Gott und der heilige Jakobus uns helfen.) Von woher auch immer Inspiration, Ideen, Lösungen, Wärme, Vertrauen, Gesundheit und Energie kommen mögen - wir brauchen dies alles im Alltag. Denn zu Hause finden die Etappen statt - Tag für Tag.

Buen Camino - jeden Tag!

Post scriptum: Wenn ich jetzt zwei Wochen nach der Rückkehr meine recht vergnügten Photos ansehe, habe ich diese Auszeit richtig genossen. Seit Jahren war ich nicht länger als zehn aufeinander folgende Tage im Urlaub. Meine Beine scheinen jedoch mehr Regeneration zu benötigen, als ich dachte. Eine Weile habe ich mehr "Beschwerden" als unterwegs. Vielleicht arbeiten sie nur an dem angeregten Muskelaufbau? Jedenfalls war die Wanderdosis erst mal genug für eine untrainierte Wanderin.

Erfreulicherweise geblieben ist eine Art grundsätzliche Gelassenheit, verbunden mit einem Urvertrauen in das, was mir begegnet. Selbst wenn Zeitdruck dies gelegentlich verwischen möchte, kann ich mich erinnern und das Gefühl zurückholen.

Vokabeln des **Pilgerlateins**, die mir der Camino beigebracht hat:

- Du bist ein Wanderer. Das Ende eines Tages ist der Anfang eines Neuen. Das Ende eines Weges bereitet dir einen neuen Weg.

- Du bist zuerst dir selbst und deiner Natur verantwortlich. Alles andere fließt weiter. Erfahrungen sind da, um sie dich fühlen zu lassen, und dann weiter zu fließen.

- Vertraue selbstverständlich und bewusst in das Leben: Zur rechten Zeit wirst du alles wissen, alles haben, allem begegnen, was du brauchst. Vertraue, dass Lösungen genau dann zu dir kommen, wenn du sie benötigst - nicht vorher.

- Belaste dich nicht mit der Idee des Urteilens. Damit erschaffst du Dualität. Du teilst dich und die Welt in das Richtige und das Falsche, das Gute und Schlechte. Das Teilen fordert den Kampf von dir gegen eine der beiden Seiten. Es hält dich gefangen in der scheinbaren Bedrohung durch die abgelehnte Seite. Es hält dein Gehirn im Kampf-Modus.

- Lass dich weder von einem Mangel treiben noch fliehe vor der Wirklichkeit. Das versetzt Gehirn und Körper in Alarmstimmung. Definiere die Dinge um. Entscheide dich für diese Haltung: „Es ist alles getragen - egal, was geschieht." Und: „**Ich kann** ändern, wenn es etwas zu ändern gibt."

- Was immer geschieht - es ist gut. Es soll dir dienen. Nimm es grundsätzlich an - auch wenn du es nicht gleich verstehst. Das ist eine Form von Freiheit. Die Perlen darin erschließen sich dir später. Du erkennst sie, sobald du die Situation angenommen hast.

- Habe ein Ziel, stelle es dir vor und bewege dich darauf zu. Doch während du gehst, konzentriere dich nur auf den nächsten Schritt und die Landschaft, die dir dabei begegnet. Halte die Konzentration, denn selbst kurz vor dem Ziel kannst du dich noch verlaufen.

- Akzeptiere deine Umwege, sonst kannst du sie nicht genießen. Sie sind für irgendetwas gut - und sei es nur, damit du Geduld übst.

- Den Gipfel vergessend, erklimmst du den Berg Schritt für Schritt.

- Wenn keiner deine Hilferufe hört, hast du die Angelegenheit vermutlich selbst in der Hand.

- Nimm Dramen nicht so ernst. Nimm´ sie an, dann lösen sie sich in Luft auf.

- Wenn du ins kalte Wasser springst, erfährst du etwas, was du vorher gar nicht anstreben konntest, weil du kein Bewusstsein davon hattest.

- Mache keine Kompromisse. Wenn sich etwas nicht gut anfühlt, lass´ es. Dann wartet etwas Besseres auf dich oder es ist nicht der richtige Zeitpunkt.

- Laufe nicht hinter den gelben Pfeilen von anderen her. Sie haben andere als du. Suche deine eigenen gelben Pfeile

- Folge dem Fluss der Energie - dann folgst du dem gelben Pfeil in deinem Leben.

Epilog

Einiges, was ich mir so vorgestellt hatte, ist auf dem Camino nicht eingetreten. Endlich Zeit zum Nachdenken wollte ich haben. Unterwegs hatte ich ganz im Gegenteil seltsamer Weise keine Lust über Dinge nachzudenken, die weit weg von mir waren. Das erschien mir sehr künstlich. Die körperliche Anforderung, die Wahrnehmung der Natur und die Beachtung des richtigen Weges haben doch einigen Speicherplatz im Gehirn beansprucht. Irgendwann habe ich gespürt, dass ich diese Vorstellungen loslassen sollte. Es würde intuitiv alles geschehen, was wichtig für mich sei. Dann habe ich einfach nur genossen, unterwegs zu sein - zu fühlen, zu sehen, zu riechen was mir begegnete.

Die physische Erfahrung des Wanderns hat mich geerdet. Physisch war ich oft am Limit. Wie außen so innen. Das führte auch innerlich und emotional dazu, auf den Boden der Tatsachen zu kommen. An diesem Limit brach etwas in sich zusammen. Mentale und emotionale Verkrampfungen, ängstliche Konstrukte über mich und mein Leben, konnten sich nicht mehr halten. Sie fielen in sich zusammen wie ein Kartenhaus. Das habe ich erst hinterher als eine Befreiung wahrgenommen. Es ist, als sei ein Teil meiner Maske abgerutscht - befremdet finde ich keine Freude mehr an ihr. Dafür bin ich in meinem Herzen angekommen, welches mir nun intelligenter erscheint, als jeglicher Gedanke.

Lernt die Seele zu reifen über den Körper? Vorher war mir vieles im Außen wichtiger als die Wahrnehmung von mir selbst. Immer wieder habe ich mich emotional identifiziert mit äußeren Ereignissen - ein schmerzhafter Prozess von Achterbahnfahrten des Gemüts. Jetzt erlebe ich meine Bewusstheit als wichtiger, als alles andere - ein unbeschreibliches Lebensgefühl! Als ich zurück kam, klopften sogleich die Dramen und der Stress des Alltags an meine Tür. Doch ich fühlte mich wie in einer Kugel mit stressabweisender Oberfläche - ähnlich der Wasser abperlenden Oberfläche eines Lotusblatts. Ich hatte das Gefühl, nichts könnte so wichtig sein, dass es sich dafür lohnt, das Gefühl der Fülle aufzugeben. Wie hat der Weg das geschafft? Vielleicht, weil das Pilgern das Gefühl von Freiheit und die kindliche Einfachheit des Annehmens weckt? Oder dadurch, das ich ständig alles hinter mir lassen musste? Konstant waren nur: Mein Atem und ich auf meinen Füßen mit meinem Rucksack - ganz alleine, mitten in den spanischen Wäldern.

Kurz bevor ich das Manuskript dieses Buches einreiche, sehe ich zufällig ein Interview mit Hape Kerkeling vom 01.01.2009 zu seinem Jakobsweg. Er sagt sinngemäß, dass die Veränderung nach seiner Wanderung für ihn zunächst kaum merklich war. Zur Erläuterung verwendet er das geometrische Gesetz des kleinen Grades: Wenn man seine Wegrichtung nur geringfügig verändert, erscheint das zunächst nicht bedeutsam. Je länger man jedoch in der neuen Richtung unterwegs ist, desto größer wird der Unterschied der Abweichung. Schließlich kommt man an einem ganz anderen Ort an. So sei die Veränderung erst später immer deutlicher für ihn geworden. Dem kann ich voll und ganz zustimmen.

Im Rückblick bin ich froh, dass ich durch meine Bemühung viel mehr bekommen habe, als ich mir hätte ausmalen können. Ich wusste vorher nicht, was mich erwartete und was möglich war. Daraus schließe ich: Will ich wirklich neue Qualitäten entdecken, muss ich lineare Prozesse verlassen. Es braucht einen persönlichen Quantensprung. Springe ich „ins kalte Wasser" neuer Erfahrungen, gewinne ich etwas, was ich vorher gar nicht anstreben konnte, weil mir die Bewusstheit davon fehlte.

Ach ja, das Haftgel aus Requejo hat nach einmaliger Anwendung noch lange nach meiner Rückkehr gehalten . . .

Bin ich caminosüchtig geworden? Nein.
Möchte ich einen weiteren Camino gehen? Klares Ja.

Spring!
. . . in neue
Erfahrungen

Beim Schreiben dieses Buches bin ich den Camino noch viele Male gegangen. Es brauchte mehr als 18 Etappen. Die „Buch-Bergtour" hat sich gelohnt, wenn sie beim Leser Inspiration und Heiterkeit hinterlässt.

Praktische Tipps für Camino-Aspiranten

Einige praktische Tipps, die in den Seiten des Buches verborgen sind, fasse ich hier noch einmal zusammen:

Blasen-Prävention:
- Gehen Sie spätestens drei Wochen vor der Wanderung zur Fußpflege, um Druckstellen zu beseitigen.
- Laufen Sie Ihre Wanderschuhe und Socken vorher ein.
- Feuchte Füße neigen zur Blasenbildung. Sie benötigen spezielle Wandersocken, die Schwitzfeuchtigkeit nach außen ableiten.
- Nehmen Sie reichlich Blasenpflaster, z.B. Compeed, in mehreren Größen und Variationen mit. Außerdem Hirschtalg, Desinfektionsmittel und eine Nähnadel mit Faden.
- Ziehen Sie bei jeder Rast unterwegs die Schuhe aus zum Lüften.
- Reiben Sie die Füße vor jeder Etappe mit Hirschtalg ein.

Blasen-Versorgung:
- Versorgen Sie umgehend alle Druckstellen mit dem Blasenpflaster.
- Hat sich eine Blase gebildet, desinfizieren Sie einen Nähfaden und eine Nadel. Ziehen Sie mit der Nähnadel 1-2 Fäden durch die abgelöste Blasenhaut. Lassen Sie die Fäden über Nacht drin. Am nächsten Tag ist die Flüssigkeit abgelaufen. Sie können die Fäden ziehen. Die Haut kann wieder anwachsen, ohne dass eine wunde Stelle entsteht.

Kommunikation:
- Englisch nützt in Spanien nur zur Kommunikation mit Mitwanderern. Zur Kommunikation mit der Bevölkerung brauchen Sie Grundkenntnisse in Spanisch. Meine Empfehlung: Belegen Sie einen Anfängerkurs in Spanisch, bevor Sie sich auf den Weg machen.

Sicherheit:
- Zumindest die Via de la Plata und der Mozarabische Camino führen oft durch unwegsames Gelände. Walkingstöcke können vor Stürzen, Umknicken und Bänderrissen schützen. Meine Empfehlung: Unbedingt mitnehmen! Alles andere kann gut gehen - ist aber leichtsinnig.

Wanderführer:
- Wichtig! Ich nutzte: R. Joos, M. Kasper " Via de la Plata Mozarabischer Jakobsweg" Conrad Stein-Verlag, ISBN 978-3-86686-251-7

Pack-Tipps für Camino-Aspiranten

Die folgenden Tipps sind eine Empfehlung für Ihren grundlegenden Bedarf. Dabei ist es hilfreich, jedes Teil abzuwiegen. Der gepackte Rucksack sollte maximal 8 - 10 kg je nach Körpergewicht wiegen. Die Medikamentenangaben beschreiben wie ich es gemacht habe - Sie sollten dies jedoch individuell mit ihrem Arzt abstimmen.

Ausrüstung	Gewicht Gramm
Sonnenbrille / Brille	
Sonnenhut	
Jugendherbergs-Schlafsack oder Kopfkissenbezug (für Hygiene, warme Nächte)	
Leichter Schlafsack	
Schlafmatte (nur nötig, wenn Überfüllung von Herbergen wahrscheinlich ist)	
Outdoor-Stirn-/Halsband (vielseitig verwendbar, auch als Sonnen- / Staubschutz)	
Rucksack (angepasst) mit Regenschutz	
Walkingstöcke	
Knieschoner (zur Entlastung, falls Knie Vorverletzungen / Belastungen haben)	
Taschenmesser	
Taschenlampe (leichte Solarlampe)	
Umhängegeldbörse	
verschließbare Plastiktüten	
kleine Plastikdose für Proviant (sicher verschließbar)	
Gewicht Summe:	

Technik	Gewicht Gramm
Handy / Smartphone	
Digital-Kamera (mit SD-Karten)	
Ladegeräte (Telefon und Kamera)	
Gewicht Summe:	

Kleidung	Gewicht Gramm
Wanderschuhe (gut eingelaufen, möglichst wasserfest)	
Regenhose	
Regenjacke	
Wanderhose (am Knie zum Öffnen)	
2. Hose, leicht	
1 Paar leichte Turnschuhe, Pantoletten (für nach der Wanderung)	
2-3 T-Shirts, Mikrofaser	
2-3 Unterhosen	
2 Unterhemden / BH´s	
2 Paar Wandersocken, 1 x leichte Socken	
1-2 Fleece-Jacken	
leichte Nachtkleidung	
1 Fleece-Pullover	
Sonnenhut	
Gewicht Summe:	

Papiere	Gewicht Gramm
Personalausweis oder Reisepass	
Führerschein	
Flugtickets	
Kreditkarten	
Krankenversicherungsunterlagen	
Pilgerpass	
Emailadressen / Telefonnummern	
Kleiner Notizblock, Schreibstift	
Kleines spanisches Wörterbuch	
Geld: ca. 25 € pro Tag (unterwegs an Automaten auffüllen)	
Outdoorführer des Camino	
Gewicht Summe:	

Toilettenartikel	Gewicht Gramm
Handtuch aus Mikrofaser	
Wäscheklammern, Leine, Sicherheitsnadeln	
etwas Waschpulver	
etwas Toilettenpapier	
Zahnpflege (kleine Tube)	
Handcreme (kleine Portion abfüllen)	
Taschentücher	
Deo, Make-up (Frauen)	
Sonnenschutzcreme	
Seife (kleine Portion)	
Duschgel/Shampoo (kleine Portion abfüllen)	
Haarbürste, -Pflege	
Wattestäbchen	
Nagelpflege, kleine Nagelschere	
Hygieneartikel (Frauen)	
Einwegrasierer (Männer)	
Gewicht Summe:	

Gesundheit	Gewicht Gramm
Pflaster / Blasenpflaster	
Nähnadel und Faden (Blasenpflege)	
Hirschtalg	
Alkoholtupfer / Desinfektionsmittel	
Ohrstöpsel	
Augenbinde	
Wund-Heilsalbe (kleine Portion abfüllen)	
persönliche Medikamente	
Schmerzmittel	
ggf. Schwedenkräuter (Magen-Darm)	
ggf. Arnika C30 (akute Verletzungen)	
ggf. Cistus-Kapseln oder -Tee (Infekte)	
Blutspendeausweis, ggf. Medikamentenpass	
Gewicht Summe:	

Nachhall

Camino - Sternenweg! *(heißt)*
Sterne auf meinem täglichen Weg.
Sterne im Alltag - manche leuchten.
Manche verdunkelt - doch trotzdem Sterne.
Sie zeigen mir die schattige Seite ihrer Medaille.
Ich darf sie annehmen und umdrehen.
Dabei kann ich meine schöpferische Kraft spüren.

Meine Prioritäten sind dort,
wo die meiste Energie für mich fließt.
Der unsichtbare gelbe Pfeil meines Lebens
zeigt unbeirrt in diese Richtung.
Er kennt mein Design
und die Stationen meiner Reise.